걷다 보면
알게 될 지도

산티아고 가는 길에서
나를 찾다

―――――

최 현 덕

추천사 _ 국회의원(남양주을) 김 병 주 더불어민주당 최고위원

<걷다 보면 알게 될 지도>의 저자인 최현덕 전 남양주 부시장은 제가 국회의원 출마를 위해 남양주에 왔을 때 처음 만났습니다. 오랫동안 공직에서 큰 역할을 했다고 들었는데, 매우 겸손하고 따뜻한 인상이 기억에 남습니다. 그 뒤 본격적으로 교류하며 알게 된 그는 매우 성실하고 진지했으며 사람에 대한 애정이 남달랐습니다. 제가 지난 4월 국회의원 선거에서 당선되는 데도 큰 역할을 했습니다.

총선 후, 그는 산티아고 순례길을 걷는다며 홀연히 스페인으로 떠났습니다. 멀고 힘든 길 떠나는 그에게 많은 걸 얻어 오라 했는데, 역시 오래지 않아 새 책을 들고 더 건강해진 모습으로 돌아왔습니다.

저자는 행정고시에 합격 후, 중앙부처와 국제기구^{OECD}, 경기도와 남양주시를 두루 거치며 많은 일을 해온 흔치 않은 이력의 소유자입니다. 우리에게 꼭 필요한 소중한 인재입니다. 그런 그가 인생의 전환점을 맞아 산티아고 순례길을 걷고 그 기록을 책으로 내게 되어 참으로 반갑고 기쁩니다.

<걷다 보면 알게 될 지도>는 저자가 지난 5월부터 900킬로가 넘는 스페인 산티아고 순례길을 걸은 기록입니다. 저자는 매일 새벽부터 길 위에 오르며 홀로 고독에 빠지기도 하고, 때로는 많은 이들과 어울리며 우리나라를 널리 알리는 민간 외교관의 역할을 톡톡히 하기도 했습니다.

글로 담은 순례기에 더해 펜으로 스페인의 성당이나 교회, 헛간 등 다양한 건축물을 스케치했는데, 그만의 개성이 진하게 느껴져 자꾸만 눈길이 갑니다. 언제 스케치까지 배웠는지, 정말 그는 못 하는 게 없는 팔방미인입니다.

누구에게나 삶의 전환점은 찾아옵니다. 지금이 바로 그 순간일 지도 모릅니다. 원하는 대로 삶이 잘 풀리지 않아 힘들 때, 어디든 멀리 떠나고 싶을 때, 재충전하고 싶을 때, 훗날 언젠가는 떠날 분들에게 <걷다 보면 알게 될 지도>를 적극 추천합니다. 하던 일 잠시 멈추고 저자의 책을 '읽다 보면 알게 될 지도' 모릅니다.

끝으로 책 출간을 진심으로 축하하며 자신을 찾아 떠난 순례를 마치고 한결 성숙한 모습으로 돌아온 최현덕 전 남양주 부시장의 더 큰 미래를 응원합니다.

추천사 _ 경남연구원 원장 **오 동 호** (前 한국섬진흥원장)

드디어 최현덕 전 남양주 부시장의 책 《걷다 보면 알게 될 지도》가 나왔습니다. 저자의 숨결이 곳곳에 생생하게 배어있어 단숨에 읽어 내려갈 것 같습니다. 무거운 짐을 지고 가는 이 땅의 중년에게, 은퇴 이후의 삶을 새롭게 살고 싶은 우리 시대의 베이비 부머에게, 불안의 시대를 건너고 있는 청춘에게 일독을 권합니다. 마음이 고요해지고, 도전과 열정으로 가슴을 뛰게 하는 책이기 때문입니다.

산티아고 순례길을 다녀온 지 몇 년이 지났음에도 길을 걷던 순간순간이 아직도 생생합니다. 대자연의 아름다운 풍광, 천년의 숨결이 담겨있는 마을과 도시, 순례길에서 만난 세계 각국의 순례자들. 모두 내 인생 최고의 화양연화였습니다.

순례길은 인생길을 걷는 배움의 터전입니다. 순례를 마치고 '산티아고 순례길이 들려주는 리더의 길'이라는 주제로 강연을 할 때마다 수강생 각자의 버킷리스트 중 하나였고, 길 위에서 깨달음과 성장을 얻고 싶다는 열망 또한 뜨거웠습니다.

산티아고 순례길Camino de Santiago은 다양합니다. 저자가 걸었던 스페인의 산티아고 순례길은 '프랑스 길Frances Camino'이라는 애칭으로 불리는 대표 순례길입니다. 그 외에도 프랑스 르퓌, 아를에서 출발하는 길도 있고, 포르투갈의 리스본에서 출발할 수도 있으니 어쩌면 유럽인에게는 각자의 집이 순례길의 출발지인 셈입니다.

순례길은 자연과 교감하는 길이고, 자기성찰의 길입니다. 저자에게 산티아고 순례길을 꼭 걸어보라고 강하게 추천했던 이유도 바로 이 때문입니다. 삶의 새로운 전환을 꿈꾸고 있는 저자에게 좀 더 여유를 갖고, 깊은 침잠의 고요 속에서 내면을 들여다보면 좋겠다 싶어서입니다.

지난 5월, 홀로 길을 떠난 저자가 산티아고 순례길에서 느낀 단상과 풍경을 한 달간 SNS를 통해 생중계할 때마다 마치 내가 산티아고 순례길을 걷고 있는 것처럼 흠뻑 빠져들었습니다.

모름지기, 세상은 길을 나서는 자의 것이라고 했습니다. 작가와 함께 지금 바로 산티아고로 출발해 보시는 건 어떨까요!

Fisterra
30 — Muxía
29
28 — Dumbria
27 — Vilaserio
26 O Pedrouzo
25
24 — Boente
Arzúa
23 — Hospital de Cruz
22 — **Sarria** 사리아
21 — Triacastela
20 — O Cebreiro
19 — Villafranca del Bierzo
18 — Ponferrada — Molinaseca
17 — El ganso — Astorga — Hospital d…

Santiago de compostela 산티아고

포르투칼

차례

순례길을 떠나며 **Prologue**			8
01. 여정의 시작		프랑스의 작은 마을, 생장 피드 포르 Saint-Jean-Pied-de-Port 에서	16
	1일 차	피레네산맥을 넘다	23
02. 바람과 별이 이끄는 대로 나바라	**2일 차**	만남은 끊임없이 이어지고	30
	3일 차	헤밍웨이의 발자취를 따라	38
	4일 차	만나면 헤어지고, 헤어지면 또 새로운 만남이 이어지고	46
	5일 차	걷고 또 걷고	53
	6일 차	왜 이렇게 많은 한국인들이 순례길을 걷나요?	60
03. 저 푸른 초원 위에 리오하	**7일 차**	빗줄기가 거세어도 순례는 이어지고	69
	8일 차	길 위에서 생일을 맞다	73
04. 시간의 흔적을 따라 카스티야 이 레온	**9일 차**	길이 끝나는 곳에서도 길이 되는 사람이 있다	80
	10일 차	아, 부르고스여! 산타마리아 대성당이여!	84
	11일 차	아, 이런 길을 평생 걸을 수만 있다면!	92
	12일 차	카르마, 당신은 어떤 사람인가요?	98
	13일 차	길 위에서 길 밖을 생각하다	104
	14일 차	결국 모두 사람이 하기 나름입니다	110
	15일 차 ❶	카미노, 사람과 동물이 공존하는 길	116
	15일 차 ❷	쉼이 필요한 시간, 레온에서 대성당을 통해 도시 역사를 살펴보다	123

	16일 차 ❶	쉼이 필요한 시간, 레온에서 도시의 일상을 맛보다	130
	16일 차 ❷	쉼표가 필요한 시간, 레온에서 가우디를 만나다	137
	17일 차	다시 순례길에 오르다	144
	18일 차	아, 아름다운 아스트로가여, 영원하라	152
	19일 차	사랑하는 사람들에 대한 소망을 철십자탑 아래에 놓다	160
	20일 차	괴짜 신부님, 알베르토 신부님	168
05. 길에서 만난 낯선 나에게 갈리시아	21일 차	당신은 지금 인생길의 오르막과 내리막 중 어디에 계신가요?	176
	22일 차	세상에는 참 아름다운 사람들이 넘쳐 납니다.	183
	23일 차	어느덧 산티아고까지 100킬로가 안남았네요!	190
	24일 차	오래된 것은 아름답다	197
	25일 차	내 마음은 이미 산티아고에 가 있습니다!	204
06. 걷다 보면 알게 될 지도 산티아고에서 땅끝까지	26일 차	아, 마침내 천년 믿음의 도시 산티아고에 도착하다!	210
	27일 차	서쪽으로, 계속 서쪽으로	223
	28일 차	신을 믿어야 한다면 나는 태양신을 믿겠다	229
	29일 차	묵시아에 도착하다!	237
	30일 차	마침내 대륙의 끝 피스테라에 도착하다!	242
	31일 차	피스테라에서 다시 산티아고로 돌아오다	248

떠나는 분들을 위한 팁 10가지   258

에필로그   272

순례길을 떠나며 Prologue*

 스페인 산티아고 순례길을 떠납니다. 아주 오랫동안 꿈꿔왔던 일입니다. 산티아고를 언제 걸을 것인지는 선택이 아니라 부름이라고 하던데, 저 역시 '바로 지금, 걷다 보면 길이 말을 걸어올 것'이라는 생각에 이끌리듯이 비행기 표부터 끊었습니다.

 산티아고 순례길은 우리말로 '야고보 성인'으로 불리는 산티아고San Tiago 성인의 무덤이 발견돼 중세 시대부터 이어온 길입니다. 여러 코스가 있지만, 저는 생장피드포르Saint-Jean-Pied-de-Port에서 출발하는 '프랑스길French route'을 걷습니다. 왕복 총 40일 일정으로 떠나는데, 아직 귀국 항공권은 예약하지 않았습니다.

 혼자 걷습니다. 동반자가 있어도 좋겠지만, 이번 순례는 가까운 사람들과 일상에서 벗어나 스스로와 더 많이 대화하려고 합니다. 숙소 예약 등 구체적인 건 따로 정하지 않았습니다. 최대한 몸과 마음을 열고 여건에 맞춰서, 일찍 걷고 걷다 지치면 쉬려고 합니다. 욕심을 줄이고 최대한 단순한 하루를 이어가고 싶습니다.

비행 동안 틈틈이 파울로 코엘료(Paulo Coelho)의 《순례자, The Pilgrimage》를 다시 읽었습니다. 자전적 소설로 실제 명성과 지위, 행복한 가정까지 남부러울 게 없던 그가 산티아고 순례를 하면서 겪은 영적인 체험을 기록한 책입니다. 제게 산티아고 순례의 꿈을 꾸게 한 책이기도 하죠. 약 40년 전 그가 처음 걸었던 길이 지금은 어떻게 달라졌는지, 그는 어디에서 무슨 고민을 했는지 떠올리며 걷는 일도 참으로 흥미롭겠단 생각이 듭니다.

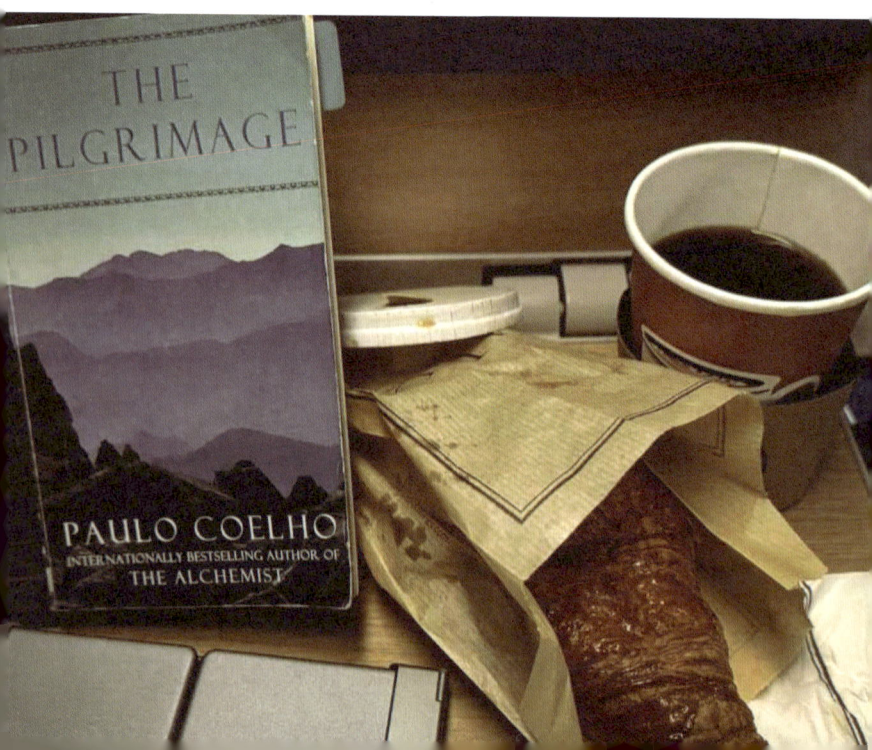

아침 7시 04분에 바욘(Bayonne)행 고속열차에 탑승했습니다. 승객들은 저마다 짐과 먹을거리를 들고 자리를 찾습니다. 이 가벼운 부산스러움과 설렘이 참 좋습니다.

Camino de Santiago

 문득 어젯저녁 들렀던 노트르담 대성당이 떠오릅니다. 5년 전의 큰 화재로 엄청난 피해를 입었지만, 연말이면 복구가 끝난다고 하니 꼭 다시 와보고 싶습니다.

 누군가 'On y va!(가자!)'라고 하더군요. 그러자, 마치 기다렸다는 듯 열차는 움직이기 시작합니다. 가자, 산티아고 출발지를 향해!

On y va a Saint-Jean-Pied-de-Port!

01.
여정의 시작

프랑스의 작은 마을, 생장 피드 포르 Saint-Jean-Pied-de-Port 에서

　몽빠르나스역을 출발한 고속열차 TGV는 4시간 여를 달려 바욘 Bayonne에 도착했습니다. 시내를 구경한 뒤 열차로 1시간 30여 분을 더 가서 목적지이자 순례의 출발지인 생장피드포르역에 도착했습니다.

생장으로 가는 두 량짜리 열차는 이미 순례자들로 만원이었습니다. 여기에 있는 이들이 모두 앞서거니 뒤서거니 하며 산티아고까지 함께 걷겠다고 생각하니 동료애마저 느껴질 정도였습니다.

마침내 생장역에 도착하자 모두가 같은 방향을 향해 걷기 시작했습니다. 이미 순례자협회 앞에는 긴 줄이 서기 시작했고 2시 정각이 되어서야 문이 열렸습니다. 협회 직원은 대부분 자원봉사자 어르신이었는데, 매우 친절하고 자세하게 설명을 해주셔서, 참으로 따스했습니다.

바로 인근에 있는 55번지 알베르게에 등록하고 침대를 배정받은 나는 빨래와 샤워를 한 뒤 도시를 한 바퀴 산책했습니다. 천 년 이상 이어진 순례객의 길목답게 언덕 위에는 거대한 성채가 여전히 위용을 자랑하며 도시를 굽어보고 있었습니다.

 성당에 들어가 2유로를 내고 초도 한 자루 꽂으며 안전한 순례와 가족, 그리고 여기까지 오도록 응원해 주신 모든 이들의 건강을 위해 기도했습니다. 그리고 마지막으로 스틱과 순례의 상징인 조가비, 내일 아침 먹을 빵과 물, 간단한 기념품 등을 구입한 뒤 짐 정리를 마치니 비로소 순례에 나설 준비가 모두 끝난 느낌이 듭니다.

 그런데, 줄여도 줄여도 짐은 점점 늘어만 가니 앞으로 어떻게 해야 할지 걱정이 앞섭니다. 이제 이곳에서 만난 몇 분들과 저녁 식사를 하러 갑니다. 낯선 곳에서 새로운 사람들을 만나는 일은 언제나 설레기만 합니다.

On y va a Santiago!

1일 차 _ 피레네산맥을 넘다

　순례 첫날 생장Saint-Jean-Pied-de-Port에서 론세스바예스Roncesvalles 까지 걸었습니다. 국경을 이루는 피레네산맥을 넘어 프랑스 땅에서 이제 스페인 땅으로 들어선 겁니다. 약 28킬로 정도 되는 거리를 총 6시간 30분 정도 걸었는데, 무척 피곤하면서도 성취감이 몰려와 참으로 기분 좋습니다. 걷는 내내 날씨까지 나빠 고생하다가 도착하면서 햇볕이 쏟아져 내려 스페인 땅에 온 걸 환영받는 느낌까지 들었습니다.

　생장의 알베르게를 아침 5시30분쯤 한국인 청년과 함께 출발했으나, 시내를 빠져나와 본격적인 오르막이 시작되자 헤어지게 됐습니다. 그리고 가까이 걷고 있던 벨기에 청년 카흐라와 보조를 맞춰 목적지까지 함께 걸었습니다.

　걷는 내내 몹시 추웠습니다. 고도가 높아질수록 바람은 점점 더 거세졌고 바람을 피하게 되자 이번엔 진흙탕 길이 계속 이어지면서 신발은 흙범벅이 됐고 속도는 늦어졌습니다. 레스토랑이 따로 없어서 가져간 바게트를 청년과 나눠 먹고 틈틈이 준비해 간 사탕까지 나눠 주면서 체력을 보충했습니다.

Camino de Santiago

이윽고 프랑스 땅을 지나 스페인 땅에 들어서자, 주변 풍경이 확연히 달라졌습니다. 큰 활엽수들이 안개 속에서 보였다가 사라지길 반복했는데, 우리가 마치 무릉도원으로 들어가는 듯 신비로운 분위기가 감돌기도 했습니다.

함께 걸으며 벨기에 청년과 많은 대화를 나눴습니다. 올해 19살이 되는 지난봄에 고등학교를 졸업하고 1년간 쉬면서 대학에 바로 진학하지 않고 진정 자기가 좋아하고 또 잘할 수 있는 게 무엇인지 찾아보기로 했다고 합니다. 그래서, 산티아고 길에 나섰고 구체적인 일정을 정하지 않은 채 갈 수 있는 데까지 가보겠다고 합니다.

그는 무척 순수해 보였는데, 아들이나 사위로 삼고 싶을 정도였습니다. 순례길 첫날 함께 격려하며 응원하지 않았다면, 이렇게 일찍 목적지에 도착하긴 어려웠을 거라는 생각에 고맙다고 하니 그 역시 고맙다고 하더군요. 순례에 나서며 매일 다양한 사람들을 만나 교류하는 재미, 순례의 참모습입니다.

오늘 걸은 피레네산맥 길은 이미 로마 시대부터 있었는데 특히, 스페인 출신 트라니우스 황제의 이름을 따서 트라니우스길이라고 불리기도 하고 나폴레옹이 스페인을 침략할 때 이용했던 길이기도 해 '나폴레옹 길'이라고도 불립니다. 수많은 순례자가 걸었고, 상인들, 밀수범들 그리고 종교 박해를 피해 숨어야 하는 이들도 걸었습니다. 그런 역사적 의미가 깊은 길을 드디어 저도 걷게 돼 참으로 큰 영광입니다.

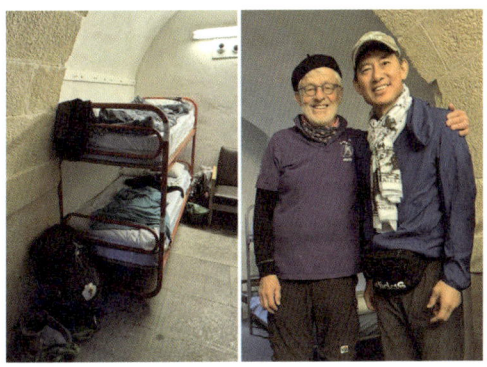

도착한 알베르게는 선착순으로 침대를 배정해 줬습니다. 그런데, 최근 예약을 받으면서 예약 없이 오는 순례자들이 잘 곳을 걱정해야 하는 상황이 됐습니다.

예약 문화 확산은 시대의 흐름이라 어찌할 수 없지만, 저는 앞으로도 숙소 예약을 하지 않고 오로지 걷는 데 집중하려 합니다. 숙소의 시설이 어떠하든 불평하지 않고 주는 대로 감사하며 하룻밤을 보내고 또 떠나렵니다.

오늘 코스가 순례길 중 가장 험난하다고 합니다. 그러니, 신고식을 제대로 치른 격입니다. 하지만, 이제 겨우 시작했고 앞으로 또 어떤 난관이 기다리고 있을지 모릅니다.
그래도, 계속 가보겠습니다!

02.
바람과 별이 이끄는 대로 나바라*

2일 차 _ 만남은 끊임없이 이어지고

순례 둘째날, 론세스바예스^{Roncesvalles}에서 수비리^{Zubiri}까지 22킬로 정도를 5시간 정도 걸었습니다. 피레네산맥을 넘는 첫날이 워낙 춥고 힘들었던 탓에 둘째 날은 상대적으로 훨씬 쉬웠습니다.

최대한 조용히 짐을 꾸린 저는 6시쯤 출발 준비를 마쳤습니다. 그런데, 밖으로 나오니 한국에서 온 젊은 여성이 동행할 수 있는지 물어왔습니다. 말동무도 할 겸 함께 출발했습니다.

그런데, 도중에 뭔가를 길에 떨어뜨렸다며 저에게 먼저 가도 된다고 했지만, 그럴 수는 없었습니다. 대신 배낭을 달라고 해, 저는 먼저 천천히 걸었고 그분은 뛰다시피 되돌아갔습니다. 걷다 보니, 작은 동네가 나타났고 한참 동안 기다린 끝에 그분이 소지품을 되찾아왔습니다. 결국 50여 분이 지체됐지만, 참으로 다행이었습니다.

　오늘 목적지인 수비리까지는 바스크 지역입니다. 시내를 관통하는 오래된 돌다리 옆에는 붉은 열매가 달린 호랑가시나무가 여러 그루 있어 신기했는데 5월에 열매까지 보게 될 줄은 미처 몰랐습니다. 호랑가시나무는 우리나라 자생종으로 12월에 붉은 열매를 맺는데, 흔히 '사랑의 열매'로 알려져 있죠. 미국인 출신 민병갈 박사가 평생에 걸쳐 조성한 천리포수목원에 가면 수많은 품종을 볼 수 있고요. 먼 이국에서 하는 뜻밖의 조우가 이곳에서의 추억을 평생 잊지 못하게 합니다.

저만의 시간을 갖기 위해 한 카페를 찾았는데 얼마 지나지 않아 여성 두 분이 옆 테이블에 앉았고 자연스레 대화를 해보니 아일랜드^{Ireland} 출신이란 걸 알게 됐습니다. 그리고 그 옆 테이블에 앉은 세 명은 위스콘신 출신 가족이었습니다. 제가 25년 전 위스콘신 메디슨^{Madison}시에서 유학한 이야기를 꺼내자, 자신들은 밀워키^{Milwakee} 출신이라며 무척 반가워했습니다. 헤어질 때는 위스콘신을 뜻하는 'W' 자를 손으로 만들며 사진까지 찍었습니다.

Camino de Santiago

그들이 떠나자, 여성 두 분이 또 왔는데, 모두 호주 퀸즐랜드 출신(트레이시와 솔라)이었습니다. 네 분 모두 한국에 와 본 일이 없다고 해 준비해 간 전통 문양의 책갈피^{book mark}를 나눠주니 무척 좋아했습니다.

그러고 보니, 오늘은 늦게까지 장소를 바꿔가며 계속 마셨습니다. 걷는 시간보다 마시고 대화한 시간이 더 길었습니다. 네덜란드, 벨기에, 아일랜드, 미국, 호주, 그리고 루마니아까지 출신 국가도 다양했고요.

이 모든 건 길에서 비롯됐습니다. 길 위에서 사람을 만나고 또 헤어지고 다시 만납니다. 나 혼자 걷고자 이곳 산티아고 길을 찾아왔지만, 결코 저 혼자 걷지 않습니다. 그렇게 순례는 계속 이어집니다.

3일 차 _ 헤밍웨이의 발자취를 따라

 순례 3일 차, 수비리^{Zubiri}에서 팜플로나^{Pamplona}까지 21킬로를 4시간 30분 정도 걸었습니다. 숲과 들판, 강변이 나타났다 사라지길 반복했고 아스라이 펼쳐진 밀밭과 샛노란 유채꽃밭이 장관이었습니다.

 오늘은 전 여정을 홀로 걸었습니다. 어제 여러 나라에서 온 순례자들과 계속 어울리다 보니 다소 피곤했고 밤잠까지 설쳐 오늘 하루는 오롯이 혼자만의 시간을 보내자고 다짐했고 그렇게 한 겁니다.

　목적지인 팜플로냐에 도착해 바로 유명한 '예수와 마리아 알베르게Albergue Jusus Y Maria가 문 열길 기다렸다 침대 배정을 받았습니다.

이곳 팜플로냐는 옛 나바라 왕국의 수도로 매년 7월 '산 페르민^{San Fermin} 축제'가 열리면 오랜 전통의 소 떼 몰이 행사를 즐기러 오는 방문객들로 도시가 발 디딜 틈이 없을 정도라고 합니다. 하지만 저는 유적지는 잠시 미뤄두고 바로 헤밍웨이와 인연이 깊은 '이루나 카페^{Cafe Iruna}'로 이동했습니다.

　캐나다의 한 잡지 파리특파원이었던 헤밍웨이는 산 페르민 축제와 투우를 보러 부인과 함께 팜플로냐에 와서 이곳 문화와 사람들에 매료됐고 여러 번 방문합니다. 특히, 이루나 카페를 자주 찾아 작품을 구상하는데, 그게 바로 《태양은 또다시 떠오른다The Sun Rises Again》입니다. 스페인 내전을 다룬 《누구를 위하여 종은 울리나》 등을 보면 그가 얼마나 스페인 문화를 사랑하는지 잘 드러납니다.

 '태양의 나라'답게 스페인의 햇볕이 점점 더 뜨거워지고 있습니다. 앞으로 밟게 될 길은 점점 더 척박하고 그늘이 사라지면서 뙤약볕은 더 강해질 겁니다. 등짐은 조금도 줄어들 기미가 보이지 않고 피곤이 가중되면 순례길은 고행길이 될 수도 있습니다.

순례는 육체 훈련이 아니라 마음공부란 생각이 듭니다. 오직 지금, 이 순간에만 집중하며 순례에 따른 모든 불편과 고통을 기꺼이 받아들이려 노력하겠습니다.

내일, 태양은 또다시 떠오르겠죠!

Camino de Santiago

4일 차 _ 만나면 헤어지고, 헤어지면 또 새로운 만남이 이어지고

 순례 4일 차, 팜플로냐Pamplona에서 마네류Maneru까지 약 30킬로를 7시간 30분 정도 걸었습니다. 당초 24킬로 정도 걸리는 푸엔테 라 레이나Puente la Reina에서 머물 생각이었으나, 도착 시간이 일러 좀 더 가보기로 했습니다. 그러고 보니,

지난 4일 중 가장 멀리, 그리고 가장 오래 걸은 듯합니다.

  푸엔테 라 레이나로 오는 길은 대체로 평탄했습니다. 오르막과 내리막이 잇따라 나타났지만, 자갈밭으로 된 내리막 구간을 빼곤 특별히 힘들다는 생각은 들지 않았습니다.

　팜플로냐 시내를 벗어나자, 대평원이 시작됐습니다. 영어로 Plateau^{고원}라고 부를 수 있는 광활한 대지 위에는 보리와 밀, 귀리와 완두콩 등 다양한 작물이 끝없이 펼쳐져 있었습니다. 거대한 초록빛 물결이 바람에 따라 흔들리는 모습은 참으로 장관이었습니다. 그리고, 산등성이를 따라 늘어선 거대한 바람개비가 재생에너지를 중시하는 유럽의 참모습을 보여줬습니다.

순례길 주변으로는 야생 양귀비와 엉겅퀴, 들장미, 수레국화, 데이지 그리고 이름 모를 야생화가 가득했는데 이국적인 꽃들의 매우 진한 향기가 코끝을 자극하면서 피곤한 몸과 정신을 새롭게 일깨우기도 했습니다.

한 도시를 돌아보던 중 프랑스에서 온 제랄딘^{Geraldine}과 만났고 그녀가 여기를 지나 5킬로 멀리 있는 마네루^{Maneru}까지 갈 거란 말에 갑자기 큰 깨달음이 왔습니다. 그렇습니다.

오로지 홀로 걷고 자신에 집중하기 위해 순례길을 걷는 건데, 어느새 이곳에서 만난 사람들과 친해져 그들의 일정을 따르고 있었던 겁니다! 남들이 권하는 여정이 아니라 내 마음이 이끄는 대로 가보자 싶어 앞서 만났던 네덜란드 출신 엔지니어 Frank에게 인스타그램으로 상황을 설명하고 다음 도시를 향해 더 걷기 시작했습니다.

도시의 이름이 된 유서 깊은 다리인 '왕비의 다리Puente de Reina'를 건네는데 할아버지 한 분이 저를 찍고 있더라고요. 가서 물어보니, 사진사로 순례자들을 찍고 있다고 하셔서 이왕이면 제 스마트폰으로도 찍어달라고 했더니 다양한 포즈까지 연출해 줬습니다.

사람은 길을 만들고 길에서 사람은 또 만납니다. 만나고 헤어지면 또 새로운 만남이 시작되고 인연이 만들어집니다. 그리고, 그 인연의 중심은 바로 나 자신이란 걸 명심하며 계속 가보겠습니다.

5일 차 _ 걷고 또 걷고

순례 5일 차, 마네루Maneru에서 로스 아르코스Los Arcos 까지 35킬로를 8시간 반 정도 걸었습니다. 하지만, 35킬로는 직선거리일 뿐, 에스떼야Estella 도시 구경 등을 모두 합해 실제로 걸은 거리는 무려 45킬로에 달합니다.

전날 밤 9시 전에 누운 탓에 자정 전에 눈을 떴고, 계속 몸을 뒤척이다 5시쯤 몸을 일으켰습니다. 일찍 출발해 시간을 버는 게 낫다는 생각에 어둑어둑한 6시께 길을 나섰습니다.

 어제와 달라진 풍경 중 하나는 바로 포도밭이 자주 보이는 겁니다. 바로 스페인의 와인 주산지인 리오하Rijoha 지역에 가까워진다는 뜻입니다. 어제 푸엔테 라 레이나Puente la Reina에 있는 한 슈퍼마켓에서 괜찮은 와인 한 병을 5유로에 구입하기도 했습니다.

 걷는 내내 순례자를 위해 마련된 수도꼭지가 보이면 어김없이 물을 마시고 물병을 채웠습니다. 중세 시대에 만들어진 분수도 지나쳤는데, 순례자를 위한 여러 시설이 필요한 곳에 적절히 설치돼 있다는 느낌을 받았습니다.

 가장 인상적인 장면은 바로 양 떼 몰이입니다. 산 위에서 양 떼를 몰고 내려오는 목동을 목격한 저는 길목을 지나치며 기다렸고 인사까지 나눴습니다. 그 순간 양 떼가 들이닥치며 우왕좌왕하자 목동이 신호를 하니 어디선가 나타난 두 마리의 개가 양 떼를 몰아갔습니다. 정말 신속하고 일사분란한 모습이었습니다. 방송에서나 보던 모습이 바로 앞에서

펼쳐진 게 여간 신기하지 않았습니다.

   로스 아르코스의 한 알베르게에 도착하니 오늘 한국에서 20여 명이 단체로 왔다고 하더군요. 한국인들이 산티아고 길을 많이 걷고 있다는 건 그만큼 영적으로나 신체적으로 좋은 뜻이겠죠. 개개인의 삶에 있어 매우 큰 의미가 있을 순례로 많이 비우고 느낀다면 더 바랄 게 무엇이겠습니까.

6일 차 _ 왜 이렇게 많은 한국인들이 순례길을 걷나요?

순례 6일 차, 로스 아르코스Los Arcos에서 로그로뇨Logrono까지 약 28킬로를 6시간 정도 걸었습니다.

 여느 때처럼 아침 6시께 알베르게를 나섰습니다. 다소 쌀쌀하지만, 공기는 매우 상쾌했고 여명이 밝아오는 매 순간을 느낄 수 있습니다. 바로 이런 분위기와 기분 때문에 저는 이른 아침 여행 떠나는 걸 좋아합니다.

"왜 이렇게 많은 한국인이 순례길을 걷나요?" 전 이렇게 설명합니다. "30여 년 전 서명숙이란 여성이 이 길을 걸었고 책도 썼으며 고향인 제주도에 올레길을 만들었다. 그 뒤 많은 이들이 그 길을 걸으면서 지자체마다 걷기길 조성 바람이 불었고 지금은 아예 이곳으로 몰려오고 있다."

"또한, '카미노의 여인'으로 불리는 김효선이란 분이 있는데, 산티아고 길을 여러 번 걸었고 몇 권의 책도 썼으며 수많은 강의를 통해 산티아고를 널리 알렸다."

그러면, "당신은 왜 산티아고에 왔습니까?"라고 질문이 이어집니다. 전 이렇게 대답합니다. "오래전에 브라질 작가가 쓴 《순례자 The Pilgrimage》를 읽고 감동하였다. 이후 서명숙 씨와 김효선 씨 책도 읽었다. 오랜 공직 생활을 하다 정치에 뛰어들었으나 쉽지 않았다. 지금은 내 삶의 전환기다. 이 길에서 나 자신과 깊이 대화하면서 내가 진정 누구인지, 무엇을 원하는지 찾아보고 싶다."라고 말입니다.

오늘 순례길에서 만난 가장 반가운 건 바로 이곳 로그로뇨시 입구에 마련된 족욕장이었습니다. 뒤따라오던 순례자들이 나를 보자마자 이내 물속으로 뛰어들다시피 했는데, 그들의 그 기쁜 표정은 마치 아이들과도 같았습니다. 세심한 배려가 돋보이는 족욕 시설을 보니 도처에 걷기길 조성하는 우리 지자체도 배우면 좋겠습니다.

    오늘 찾아간 알베르게는 산티아고 엘 레알$^{\text{Santiago El Real}}$ 교구가 직접 운영하는 곳입니다. 숙박은 물론 저녁과 아침 식사까지 각자 성의껏 기부금을 내면 됩니다.

    순례가 일주일에 가까워지면서 순례문화에 자연스레 녹아들기도 하고 다른 한편으로는 새로움이 사라지고 일상이 식상해지지 않을까 두려워집니다. 그럴 때면 과거 천 년 전 숱한 어려움을 뚫고 이 길에 섰을 수많은 이들을 상상해 봅니다. 계속 가보겠습니다!

로그로뇨의 유서깊은 알베르게 산티아고 엘 레알 *

순례 6일 차 저녁을 로그로뇨Logrono시 한복판에 있는 알베르게에서 묵었습니다. 이 알베르게는 산티아고 엘 레알 Santiago El Real 교구에서 직접 운영하고 있었습니다.

식사는 저녁 8시부터 시작됐는데, 참석자 모두가 차례로 자신의 이름과 출신 국가를 말했습니다. 그리고, 1천 년 이상 전해 내려온 찬가의 뜻을 설명한 뒤 함께 불러봤습니다.

Camino de Santiago

'Ultreia Ultreia et suseia De us..' 라틴어로 된 한 줄짜리 찬가는 '더 멀리 가라, 더 높이 가라, 신의 은총이 함께 하길 바란다'라는 뜻이랍니다. 산티아고 순례길이 갖는 깊은 뜻을 한 줄 찬가에 담은 겁니다.

식사가 끝나자 우리는 모두 비밀 통로를 통해 바로 옆 성당의 제단 안으로 가 앉아 성당에 대한 설명을 들었고 마지막으로 스탬프를 받았습니다. 유럽 전역의 수많은 성당을 가봤지만, 제단 안쪽에 고위 성직자들이 앉는 높은 벤치에 앉아 본 건 처음이었습니다.

산티아고 엘 레알 알베르게는 초기 알베르게의 정신을 지금껏 가장 잘 유지하고 있는 곳이 아닐지 생각해 봅니다. 무료지만, 오늘 우리가 먹고 마신 모든 건 바로 전에 머물렀던 분들이 낸 기부금 덕분이었고 우리가 낸 기부금은 또 다음을 위해 쓰일 겁니다. 그런 뜻에서, 기부금 제도는 정액 요금제보다 오히려 더 훌륭한 제도가 아닐까 합니다. 로그로뇨에 온다면, 꼭 산티아고 엘 레알 알베르게에서 머무시길 바랍니다.

03. 저 푸른 초원 위에 리오하*

7일차 _ 빗줄기가 거세어도 순례는 이어지고

순례 7일 차, 로고로뇨Logrono에서 아소프라Azofra까지 35킬로를 7시간 여 걸었습니다. 거치는 도시마다 주요 명소를 들르다 보니 제 휴대전화 만보기에는 약 40킬로미터 이상 걸은 것으로 나옵니다.

오늘은 숙소인 Azofra에 도착할 때까지 빗줄기가 오락가락 했습니다. 빗속 순례는 처음입니다. 비가 시작되자 판초 우의를 꺼내 온몸을 뒤집어썼습니다. 여러모로 불편하지만, 어쩔 수 없습니다. 순례길에서는 날씨를 탓할 수 없기 때문입니다.

　오늘은 벨기에 출신 벤디^{Vendi}라는 여성과 한 시간쯤 함께 걸었는데 말하다 보니 자기 아들이 지난해 여름 새만금 잼버리에 참가했었다네요. 당시 아들은 15살이었는데, 몹시 무더워 고생했지만, 친구들도 많이 사귀었다고 합니다. 벨기에서만 약1,500여 명이 참가했다는 얘길 듣고 놀랐습니다. 한국이 워낙 멀고 가기 힘들다 보니 지원자가 많았다고 합니다. 어릴 때 잼버리와 같은 국제행사에 참석하는 건 소중한 체험이고 또 평생 이어지는 추억이기 때문에 주최국은 정말 치밀하게 준비해 참석자들을 평생 든든한 후원자로 만들어야 할 겁니다.

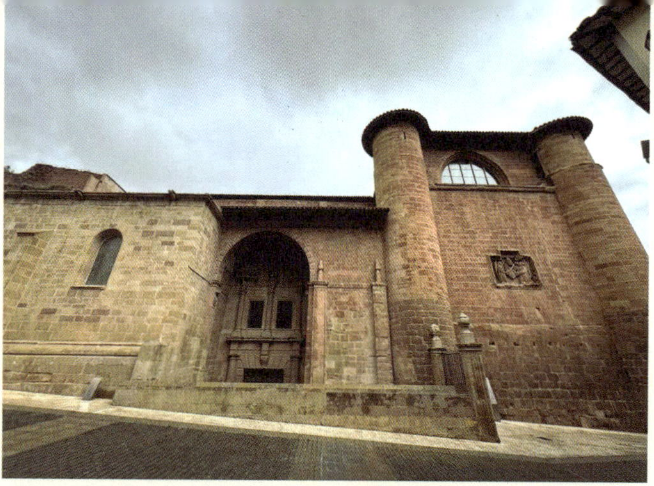

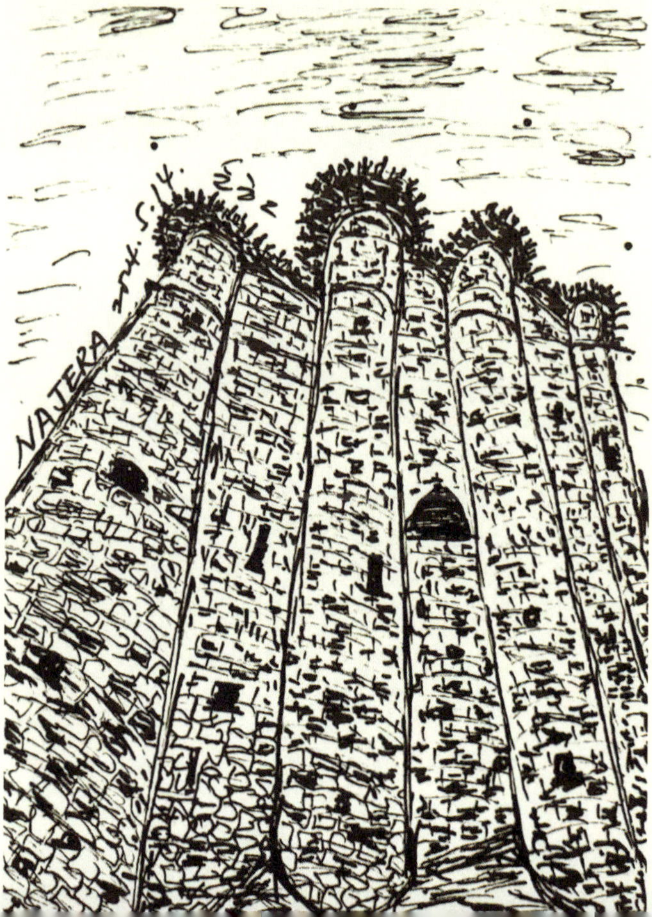
NAJERA
2024. 5. 14.

 오늘 지나온 여러 도시 중 Ventosa라는 작은 마을이 무척 인상적이었습니다. 입구에서 마을까지 1킬로미터 정도 되는 거리를 '1km de ARTE', 즉 '1킬로 예술 거리'로 조성해 놨습니다. 순례자들은 예술품을 보면서 도시에 더 관심을 두게 될 겁니다. 많은 둘레길이 있는 우리 역시 보다 세심한 기획이 필요하단 생각을 해봅니다.

 순례자 저녁 모임 후에 천둥과 번개, 그리고 우박까지 동반한 순간적인 폭우로 거리는 금세 물바다가 됩니다. 곧 멈추겠죠. 그렇게 오늘이 또 갑니다.

8일 차 _ 길 위에서 생일을 맞다

 순례 8일 차, 아소프라에서 벨로라도까지 약 38킬로를 8시간 반 정도 걸었습니다. 산토 도밍고를 비롯해 거치는 도시를 둘러보다 보니 실제로는 41킬로 정도 걸었더군요.

 어제 종일 빗줄기가 오락가락했고 저녁 무렵에는 천둥과 번개, 소나기가 쏟아지며 거리를 물바다로 만들어 밤새 걱정을 많이 했는데 출발할 때 보니 하늘이 맑게 개어 기분 좋게 출발했습니다.

 순례길 자체는 비교적 평탄했습니다. 여명이 밝아올수록 주위는 온통 밀과 유채, 강낭콩 등의 경작지가 아득하게 펼쳐졌습니다. 마치 '저 푸른 초원 위에 그림 같은 집을 짓고.'라는 노래 가사처럼 파란 하늘과 흰 뭉게구름 밑 끝없는 초록빛 물결 속을 걷고 또 걸었습니다.

    오늘 드디어 카스티야와 레온^{Castilla Y Leon} 지역에 들어왔습니다. 곳곳에 위치한 이정표들은 이제 산티아고까지 560킬로 정도 남았다고 알려줍니다. 지난 8일간 240킬로 정도 걸은 셈입니다.

 사실 오늘은 제 생일입니다. 늘 부처님 오신 날과 같습니다. 따라서, 항상 공휴일입니다. 생일 아침이면 어머니가 차려준 미역국을 먹고 아버지, 형과 함께 모내기하러 갔던 기억이 납니다. 그래서, 생일은 일하는 날로 각인되어 있었죠. 늘 생일날 아침이면 어머니께 꼭 전화드렸습니다. 그런데, 올해는 그럴 수 없어서 아내에게 대신 전화해달라고 전했습니다. 다른 어느 날보다 어머니를 많이 생각한 하루였습니다.

 이른 아침부터 종일 홀로 산티아고 길을 걸으니, 만감이 교차했습니다. 가족과 형제들, 지인들로부터 축하 메시지가

많이 왔지만 바로 답하지 않았습니다. 오직 여기 걷기에 집중했습니다. 인생 자체가 길이며 새로운 인연이 만들어질 때마다 골목길이 수없이 이어진다고 여기기에, 머나먼 스페인 산티아고 길 위에서 맞는 생일이 참으로 의미 깊습니다. 최대한 순례자들과 말을 섞지 않고 혼자만의 시간을 즐겼습니다.

저녁은 알베르게가 운영하는 식당 대신 시내 레스토랑을 찾아 후식까지 곁들인 메뉴에 와인도 반병 가량 마시며 자축했습니다. 그리고, 다시 알베르게의 비좁은 침대에 누웠습니다. 아, 오늘도 참 잘 살았습니다.

04. 시간의 흔적을 따라 카스티야 이 레온 지역*

9일 차 _ 길이 끝나는 곳에서도 길이 되는 사람이 있다

 순례 9일 차, 벨로라도Belorado에서 아타푸에르카Atapuerca까지 약 30킬로 거리를 6시간 걸었습니다. 거치는 도시를 구경하다 보니 실제로는 약 33킬로 정도 걸은 듯합니다.

이른 아침이라 그런지 주민들을 만나긴 어려웠지만 마을마다 아기자기한 장식과 화단, 이정표로 순례자들을 반깁니다. 하지만, 한눈에 봐도 쇠락한 흔적은 역력했습니다. 쓸쓸한 마음을 추스르며 수도꼭지를 틀어 물을 마신 뒤 물병을 가득 채우고 다시 순례길에 올랐습니다.

오늘 순례길은 우리나라의 동네 안길, 마을 길, 들판 길, 임도 등을 차례로 걸은 느낌입니다. 어제까지 아득하게 펼쳐졌던 대평원과 구릉은 어디론가 사라지고 낯익은 길이 차례로 나타났다가 사라지길 반복했습니다. 지역이 바뀌면 지형도 바뀌나 봅니다.

문득 국민 시인으로도 불리는 정호승 시인의 <봄길>이란 시가 떠오르더군요.

길이 끝나는 곳에서도 길이 있다.
길이 끝나는 곳에서도 길이
되는 사람이 있다
스스로 봄길이 되어 끝없이
걸어가는 사람이 있다
강물은 흐르다 멈추고
새들은 날아가 돌아오지 않고
하늘과 땅 사이의 모든 꽃잎은
흩어져도
보라
길이 끝나는 곳에서도 길이
되는 사람이 있다
스스로 봄길이 되어 한없이
걸어가는 사람이 있다

    나도 모르게 이 시를 여러 차례 큰 소리로 읊으며 순례길을 걸었습니다. 주변 풍경이 이 시를 불러낸 듯합니다. 봄의 한복판에 산티아고 길을 누군가 걷고 있고 그 사람은 스스로 봄길이 되어 한없이 걸어가고 있습니다.

10일 차 _ 아, 부르고스여! 산타마리아 대성당이여!

　아, 눈이 휘둥그레지고 벌어진 입이 다물어지지 않습니다. 압도적인 위용과 지극한 아름다움 앞에서 숨이 멎으면서 순간적으로 두려운 마음마저 일어납니다.

 바로, 산타마리아 대성당$^{Santa\ Maria\ Catedral}$을 둘러보며 느낀 감정입니다. 세비야^{Sevilla} 대성당, 똘레도^{Toledo} 대성당과 함께 스페인의 3대 성당으로 불리며 오랜 역사와 상징성, 그리고 아름다움 때문에 유네스코 세계문화유산으로도 등재됐습니다.

순례 10일 차, 아타푸에르카^Atapuerca에서 부르고스^Burgos까지 4시간여 동안 22킬로 정도를 걸었습니다. 최대한 쉬면서 재충전을 위해 처음으로 알베르게가 아닌 호스텔에 묵기로 했습니다. 다행히 명소와 가까워 먼저 짐을 정리한 뒤 편안한 복장으로 도심 구경에 나섰습니다. 짐 메지 않고 걷는다는 게 이렇게 홀가분하고 시원하다니! 지금 상태로라면 산티아고까지 쉬지도 않고 갈 수 있지 않을까요?

부르고스는 카스티야 이 레온^Castilla Y Leon 지역의 심장과도 같은 곳으로 스페인 역사의 주 무대이기도 합니다. 이사벨 여왕과 페르난도 왕의 결합, 오랜 세월 이베리아^Iberia반도를 지배했던 이슬람 세력인 무어^Moor인을 몰아내는 국토회복운동^Reconquista, 그리고 그 중심인물인 '엘 시드^El Cid' 로드리고 장군까지. 이 모든 인물을 바로 산타마리아 대성당에서 만날 수 있습니다.

대성당을 완성하는 데 약 300년 정도가 걸렸는데, 그중 내부 조각과 장식을 하는데 무려 100여 년을 썼다고 할 정도로 장식의 규모와 정밀함은 보는 사람들을 압도합니다. 이 화려함과 정교함을 위해 막대한 양의 금과 은, 대리석과 목재가 전 세계로부터 조달됐을 겁니다.

  도심을 둘러본 뒤 전망대 구실을 하는 언덕 위 성채^{Mirador del Castillo}로 올라갔습니다. 마치, 이탈리아 피렌체의 미켈란젤로 광장에 온 듯한 기분이 듭니다. 그리고, 붉은 기와지붕으로 가득한 부르고스를 한눈에 담았습니다.

  지난 10일간 290여 킬로를 걸어왔습니다. 여정의 약 1/3이 지나고 있는 겁니다. 내일은 또 누구를 만날지, 어떤 일을 겪게 될지 전혀 알 수 없습니다. 아침에 일어나서 발길 닿는 대로 걸어갈 뿐입니다. 걸으며 나만의 길을 만들고, 나만의 인연을 맺고 또 나만의 추억을 쌓아갑니다.

11일 차 _ 아, 이런 길을 평생 걸을 수만 있다면!

 순례 11일 차, 부르고스^{Burgos}에서 온타나스^{Hontanas}까지 약 6시간 동안 31킬로 정도를 걸었습니다.

 아침 6시께 대성당을 찾아 산티아고 성인에게 인사하고 성인을 형상화한 조각을 어루만지며 작별했습니다. 다시 언제 이곳을 찾을 수 있을까, 꼭 그러길 고대하며 도시를 떠났습니다.

 오늘 길은 메세타^{Meseta}라고 불리는 스페인 대평원과 구릉 지역입니다. 끝없이 펼쳐진 대평원은 그저 아득하기만 합니다. 우리나라에서는 전혀 볼 수 없는 지평선이 컴퓨터 바탕화면에 있던 파란 하늘과 초원의 모습 그대로 온타나스까지 이어졌습니다.

 순례길 대부분은 프랑스 청년 리노Lino와 함께했는데 그는 이미 프랑스에서부터 두 달 정도 걸어왔다고 합니다. 또 산티아고에 도착하더라도 포르투로 가거나 아니면 북쪽 길을 더 걸을 거라고 하더군요. 온갖 어려움을 이겨내며 도전하는 그의 모습을 보면서 같은 나이 때 나는 과연 무엇을 고민했나, 하는 생각이 들었습니다.

　오후에 바에서 스케치하는데, 지나던 순례자가 보더니 5유로에 팔라고 했습니다. '난 초보자고 이건 파는 게 아니다'라고 했더니 꼭 필요하다고 합니다. 그는 Tony라는 호주인인데 임신한 딸에게 출산을 돕는다는 그림 속 황새stalk를 선물해 주고 싶다고 하더군요. 결국 완성한 스케치를 그에게 줬습니다. 그와 함께 온 스코틀랜드 출신 줄리아Julia도 그림을 원했고 산타마리아 대성당 스케치를 줬습니다. 그렇게 두 명으로부터 와인 2잔을 얻어 마시며 대화를 이어 나갔습니다. 순례길에서 스케치와 와인을 바꾸었다는 게 부끄러우면서도 재밌었습니다.

저녁엔 순례자들과 함께하는 '커뮤니티 식사community dinner'에 참석했습니다. 프랑스 여성 두 명, 벨기에 청년 한 명과 동석했는데 와인은 프랑스가, 맥주는 벨기에가 최고라고 하자 함박웃음이 터졌고 그때부터 시끌벅적해졌습니다. 우리의 비빔밥처럼 대형 팬에 빠에야paella를 가져와 와인과 함께 나눠 먹었습니다. 모두 최소 10일 이상 걷다 보니 매우 피곤하고 힘들 텐데 일종의 동지애 또한 생기는 듯합니다. 깊은 정을 나눌 수는 없지만, 서로를 격려하는 따뜻한 자리였습니다.

12일 차 _ 카르마, 당신은 어떤 사람인가요?

순례 12일 차, 온타나스^{Hontanas}에서 프로미스타^{Fromista}까지 6시간 반 동안 약 34킬로를 걸었습니다.

어제 늦게까지 어울리며 술을 많이 마신 덕분에 깊은 잠을 잤고 뜨거운 국물이 생각나 시내에서 사뒀던 불닭볶음면을 먹고 출발했습니다. 오랜만에 얼큰한 국물을 먹으니, 몸이 데워져 좋았습니다. 돌아가면 끼니마다 라면을 먹어도 질리지 않을 듯합니다.

 여느 때처럼 손전등으로 어둠을 뚫고 나아갔고 여명이 밝아오며 주위 모습이 또렷해졌습니다. 밤과 낮, 어둠과 밝음이 교차하는 그 순간을 즐기기 때문에 일찍 일어나는 수고는 아무것도 아닙니다. 그 즐거움은 카스트로헤리쓰^{Castrojeriz}에 이르렀을 때 절정에 달했습니다. La Mora Cantana 성당 앞에 다다랐을 때 문득 밝은 햇살이 구름 속을 뚫고 나와 성당을 비추기 시작했습니다. 찬란하다는 표현은 이때 쓰는 게 아닐까, 합니다.

　프랑스 청년 리노와 함께 내리막을 걷던 중 자전거 한 대가 빠르게 지나쳐 갔는데 알람도 없었고 순간 위협을 느껴 움찔했습니다. 그런데, 자전거가 지나자마자 바닥에 스마트폰이 보였습니다. 그리고 한 시간 반 후에 돌아오는 자전거를 발견했고 챙겨뒀던 스마트폰을 줬습니다. 어찌나 고마워하던지 우리를 차례로 끌어안더라구요. 하지만, 리노는 당신이 경고도 없이 지나가 위험했다고 말했고 그는 경보를 울렸다고 하더군요. 우리는 그가 거짓말을 한다고 생각했습니다. 깨끗이 사과하면 그만인데 말이죠.

　다른 사람에게 무언가 좋지 않은 언행을 하면 나중에 그걸 그대로 되돌려 받게 된다, 리노가 카르마^{karma}란 단어를 꺼내며 한 말입니다. 만약 우리가 스마트폰을 줍지 않았다면 그는 얼마나 애타게 찾아 헤맸을까요? 하지만 그는 고마워만 할 뿐 자신의 행동에 대해 제대로 된 사과를 하지 않았습니다.

　순례길에서 수많은 사람을 만납니다. 대체로 매우 친절합니다. 저 역시 불편해 보이거나 앉아서 쉬는 사람들을 보면 혹시 도울 게 없냐고 물어봅니다. 도움이 필요한 사람을 돕는 건 순례자로서 지극히 당연한 일이기 때문입니다. 그런데, 사람들은 결코 순례길이라서 더 친절하거나 거친 건 절대 아닐 겁니다. 어디서든 일상의 모습과 행태가 그대로 드러나는 것뿐이니까요.

13일 차 길 위에서 길 밖을 생각하다

순례 13일 차, 프로미스타^{Fromista}에서 칼사디아 데 라 쿠에사^{Calzadilla de la Cueza}까지 약 7시간 동안 37킬로 정도를 걸었습니다.

오늘 순례길은 전반적으로 지극히 평탄했습니다. 초반 10킬로 정도는 들판 길을 주로 걸었는데, 마치 어릴 때 시골 길을 걷는 기분이 들었습니다. 미루나무가 줄지어 서 있고 그 옆으로는 작은 개천이 흐르는 풍경입니다. 오늘따라 유난히 뻐꾸기가 자주 울어대 고향 생각이 더욱더 났습니다.

걷다 보면, 허기지거나 피곤할 때 입이 심심해집니다. 평소에는 단 걸 거의 먹지 않는데, 매일 또 오래 걷다 보니 단 걸 챙기게 됐습니다. 저는 생장에서 출발할 때 하리보 HARIBO를 한 봉지 구입해 하루에 몇 개씩 입어 넣었고 다 떨어지자 다시 한 봉지를 구입해 틈틈이 먹고 있습니다. 유럽의 아이들이라면 누구나 좋아하는 하리보, 이제 앞으로도 떼지 못할 제 간식이 될 듯합니다.

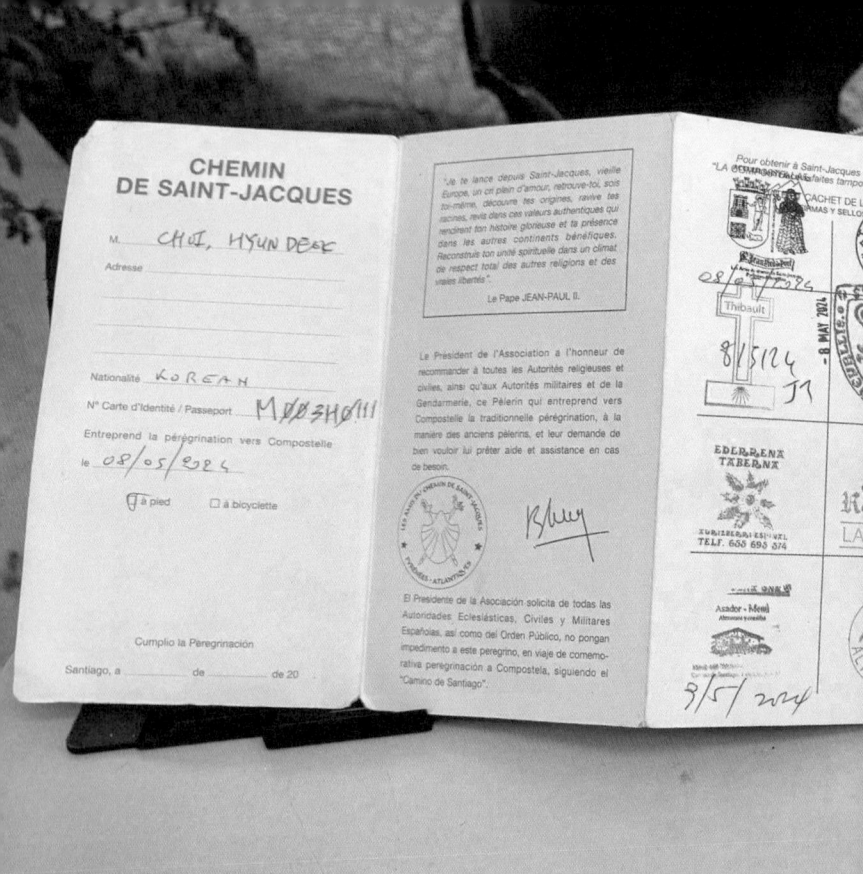

 오늘 묵을 알베르게에 와서 크레덴셜^{credencial}, 여권에 세요^{sello}, 스탬프를 찍으려다보니 빈 곳이 없더라고요. 지난 13일간의 순례길에서 들른 알베르게, 바, 레스토랑, 카페, 성당 등에서 받은 세요가 72개 칸을 모두 채운 겁니다. 할 수 없이

새로운 크레덴셜을 하나 더 구입해 세요를 찍었습니다. 아무것도 아닐 수 있지만, 제겐 순례의 아름다운 추억이 될 수 있기에 최대한 많이 모으려고 합니다.

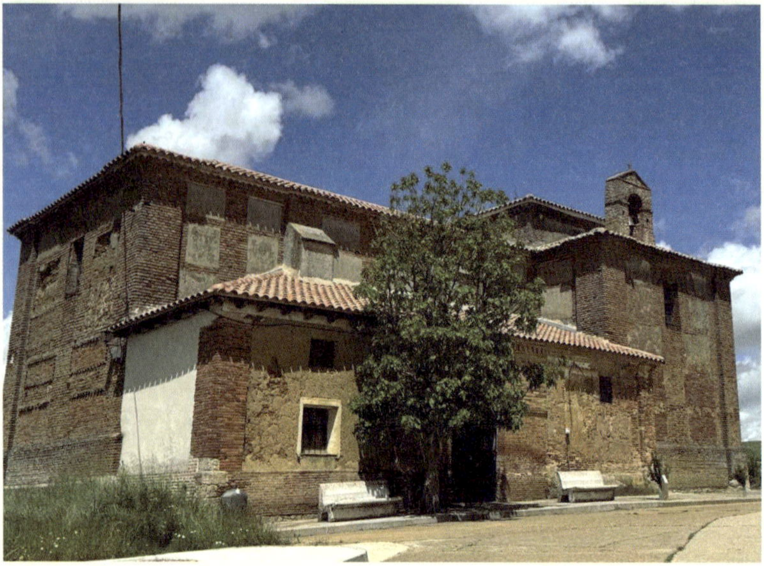

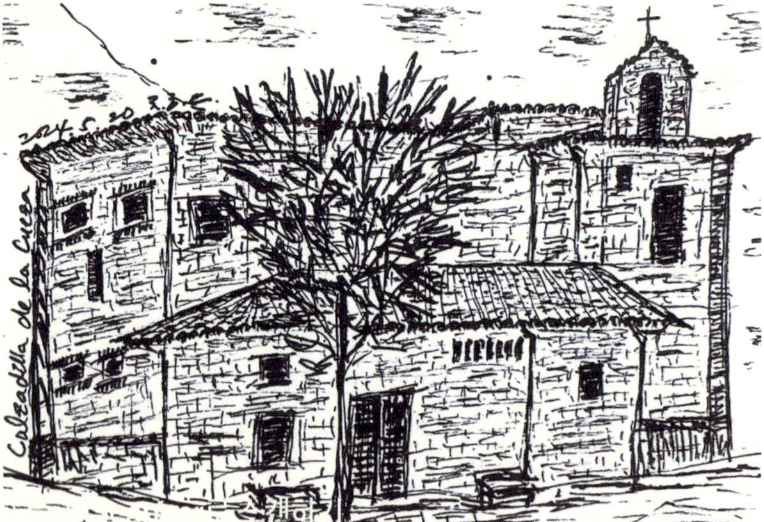
2024.5.20
Calzadilla de la Cueza

오늘은 길 위에서 길 밖의 사람들을 많이 떠올렸습니다. 내 주위 사람들을 한 명씩 차례로 떠올리며 그 관계의 중요성, 깊이, 내가 잘하고 있는 것과 부족한 것 등을 되돌아봤습니다. 생각을 거듭할수록 결론은 사람의 마음은 갈대보다 더 변하기 쉬우니 그 흔들리는 마음을 잡기 위해서는 내가 더 다가가야 한다는 것이었습니다.

어느덧 저 멀리 교회의 종탑이 보이기 시작했습니다. 여전히 몇 킬로 떨어진 거리지만, 마음은 벌써 도착해 시원한 맥주 한 잔 마시는 곳에 가 있었습니다. 그리고, 마침내 도착한 알베르게에서 빈 침대가 딱 한 개라는 소리를 들었을 때, 참으로 감사한 마음뿐이었습니다.

오늘도 참 잘 걸었습니다.

14일 차 : 결국 모두 사람이 하기 나름입니다

순례 14일 차, 칼사디야 데 라 쿠에사^{Calzadilla de la Cueza}에서 엘 부르고 라네로^{El Burgo Ranero}까지 약 40킬로를 7시간가량 걸었습니다.

어제 점심 무렵 칼사디야의 한 알베르게에 도착해, 침대가 있느냐고 물으니 딱 한 개 남았다고 합니다. 아, 얼마나 다행이었는지요! 출입구 쪽 2층 침대라 위치가 좋지 않다고

했지만, 제겐 상관없었습니다. 그저 잠을 잘 수 있다면 어디라도 좋으니까요.

그렇게 만족해하며 늘 하던 일을 마무리하고 돌아왔더니 지배인이 다른 데로 바꿔주겠다는 겁니다. 알고 보니 예약자가 안 왔고 그 자리는 안쪽 조용한 곳의 아래 침대였습니다. 지배인과 대화하면서 고마움을 표시하고 밝은 표정을 하지 않았다면 과연 그가 저를 챙겨줬을까요? 제가 먼저 호의를 보여야 상대방도 되돌려 준다는 건 만고불변의 진리란 걸 다시금 생각하게 됩니다.

 산티아고 가는 길은 참으로 아름다운 풍경을 수없이 지나칩니다. 감탄사가 절로 나옵니다. 하지만, 엄밀히 따져보면 그 길을 만든 것도, 그 길옆 대평원에 보리나 밀, 유채나 그 밖의 여러 작물, 심지어 가로수까지 조성한 건 바로 우리 인간입니다. 결국, 모든 게 우리 하기 나름인 겁니다. 인위 없이 과연 자연이 있을까, 자연이란 그 말 그대로 정말 인간의 손길이 완전히 배제된 무위를 말할까? 온갖 생각이 교차합니다.

 오늘 저희가 묵는 방에는 꼬마 손님들도 있었습니다. 한 스페인 엄마가 5살짜리 아들과 이제 한 살 반이 된 딸을 데리고 여행하더군요. 릴리아라는 이름을 가진 아이는 우리 모두의 귀염둥이가 됐습니다. 이따금 울고 보채기도 하지만,

아무도 신경 쓰지 않습니다. 저도 너무 반가워 그 아이에게 손을 내밀었더니 처음엔 빼더니 바로 손을 잡아주더군요. 그 앙증맞은 손을 잡을 때 그 느낌이 정말로 황홀했습니다. 그 엄마가 제게 아이들이 있냐고 물어 딸 둘이 있다고 하자, 곧 할아버지가 되겠다고 해, 저도 바라는 일이라고 했죠. 잠시나마 순례의 피로가 가시는 날입니다.

이제 산티아고까지 남은 거리는 330킬로미터 정도 됩니다. 그런데, 서쪽으로 갈수록 숙소 구하기가 더 어려워집니다. 여태까지 예약을 한 번도 안 하고 왔는데, 저도 이제부터는 예약 행렬에 동참해야 할까요? 과연 이렇게 하는 게 제대로 된 순례일까요? 갑자기 생각이 많아집니다. 하지만, 지금까지 그래왔듯 그냥 부딪쳐 보렵니다.

15일 차 ❶ _ 카미노, 사람과 동물이 공존하는 길

순례 15일 차, 엘 부르고 라네로El Burgo Ranero에서 레온Leon 까지 약 7시간 반 동안 38킬로를 걸었습니다.

무려 천 년 이상 이어진 순례길은 사람만 오가는 길이 아

니라 야생동물이 공존하는 공간이기도 합니다. 지난 며칠간 매일 황새와 제비를 볼 수 있었습니다. 황새는 성당 꼭대기, 네 귀퉁이나 첨탑 심지어 곡물 저장고인 '사일로' 위에까지 둥지를 틀었습니다. 출산을 앞둔 자기 딸에게 주고 싶다며 며칠 전 제가 그린 스케치를 와인 두 잔과 바꿨던 호주 순례자가 다시 생각나기도 합니다. 숙소를 출발하자마자 성당 위에서 황새 우는 소리가 나 가만히 발걸음 멈추고 오래 듣다가 다시 길을 나섰습니다.

Camino de Santiago

　제비도 무척 많이 볼 수 있습니다. 저녁이 되면 수십 마리가 상공을 선회하는 풍경은 참으로 아름다웠습니다. '물 찬 제비'란 말이 있듯, 활강하다 강물을 차고 다시 하늘로 솟구치는 모습은 그 자체로 장관입니다. 어릴 때 시골집 처마에 제비들이 집을 짓곤 했는데, 오늘 지나온 마을에서 처마 집을 다시 볼 수 있어 무척 반가웠습니다. 제비가 진흙을 물어와 집 짓는 걸 유심히 보면 마치 사람이 벽돌을 쌓아가며 건축하는 것과 똑같습니다. 차라리 예술에 가깝습니다.

　야생 토끼도 제법 마주쳤는데 오늘은 아예 토끼 굴이 여럿 있는 지역도 지나쳤습니다. 길가에 있다 제가 나타나자 쏜살같이 굴속으로 들어가 버립니다. 저렇게 누구나 볼 수 있는 곳에 굴을 파놓았는데, 다른 포식자들이 공격하지나 않을까 걱정까지 되더라고요.

　순례길에는 다른 야생동물도 무척 많이 있을 겁니다. 아마 그만큼 주위 환경이 청정하다는 증거일 겁니다. 우리나라 곳곳에 있는 올레길, 둘레길 등 수많은 길도 주변 환경, 야생 동물과 공존할 수 있을 때 비로소 오랫동안 지속될 수 있을 겁니다.

 고된 걸음 끝에 마침내 저 멀리 레온 시내가 보이기 시작했습니다. 도심까지는 또 한참을 가야 했지만, 목적지에 도착했다는 그 사실 하나로 가슴 벅찹니다. 멀리 대성당의 높은 첨탑이 눈부시게 빛나며 어서 오라고 환영하는 듯합니다. 도시로 들어가는 다리에서 자원봉사자들이 세요(스탬프)를 찍어주고 안내 지도와 함께 사탕 하나씩을 나눠주네요. 아, 드디어 순례 15일 만에 오랜 역사와 문화 도시 레온에 도착했습니다.

15일 차 ❷ _ 쉼이 필요한 시간,
레온에서 대성당을 통해 도시 역사를 살펴보다

마침내 카스티야 이 레온^{Castilla Y Leon} 지역의 핵심 도시 레온^{Leon}에 들어왔습니다. 참으로 감개무량하고 기쁩니다. 지난 15일간 매일 6시께 숙소를 출발해 6~7시간씩 걸어 약 480킬로를 걸어왔습니다.

하지만, 이제 잠시 '쉼표'를 찍을 때입니다. 무엇보다 스페인의 유서 깊은 역사와 풍부한 문화유산을 간직한 도시 레온을 살펴봐야 할 시간이기도 합니다.

 레온이란 이름은 옛 로마의 군단인 레지오^{Legio}가 주둔했던 데서 비롯됩니다. 레온의 상징인 사자는 나중에 그 이미지를 만들게 된 것이고요. 카스티야 이 레온$^{Castilla\ Y\ Leon}$은 스페인 역사에서 매우 중요할 뿐 아니라 풍부한 문화유산을 간직한 아름다운 지역입니다. 우리나라의 광역자치단체에 해당하는데, 비록 인구는 250여만밖에 안 되지만, 유럽연합^{EU}에서는 가장 큰 광역자치단체라고 합니다. 그리고, 그 지역의 핵심 도시는 당연히 레온^{Leon}이고요.

 레온의 상징과도 같은 공간이 바로 대성당(Catedral)입니다. 순례길의 정점에 있습니다. 그리고, 이 성당의 건축을 주도한 인물이 바로 알폰소 10세$^{Alfonso\ X}$입니다. 12세기부터 이베리아반도에서 이슬람 세력$^{무어인,\ The\ Moore}$ 축출이 본격화되고 13세기가 되어 레콩퀴스타$^{Reconquista,\ 국토회복운동}$가 가속화되자 자신감을 얻은 그는 그 성취를 만방에 보여주고 하나님에게 영광을 돌리기 위해 성당 건축을 시작합니다.

 유럽 여러 도시의 많은 성당을 뵈왔던 제게 레온 대성당은 가장 세련되고 청아하며 날렵하고 밝은 인상을 주었습니다. 부르고스 대성당이 압도적인 규모와 화려함의 극치에 보는 사람의 넋을 빼놓는다면, 레온 대성당은 어찌나 우아하고 청아한지 저절로 유쾌해지는 기분이 들었습니다. 세 개의 층으로 구성된 스테인드글라스 창, 특히 장미창의 세련미와 우아함은 그 어디에도 견줄 곳이 없을 듯했습니다.

귀한 것일수록 아껴서 봐야 더 가치가 있습니다. 레온에서의 시간만큼은 최대한 '쉼표'를 찍는다는 마음으로, 도시 곳곳을 천천히 거닐었습니다. 그리고, 대성당을 마주한 레스토랑에서 더욱 천천히 먹고 마셨습니다. 근처 바^{Bar}로 자리를 옮긴 저는 레드 와인 한 잔을 주문하고 스케치를 시작했습니다. 마무리하다가 문득 졸았나 봅니다. 와인을 몇 방울이 스케치에 떨어졌고 바로 닦아냈지만 금세 번져나갔습니다. 그래서, 더욱 생생해졌습니다. 그렇게, 레온에서의 첫 밤이 지나갔습니다. 쉼은 계속 이어집니다.

16일 차 ❶ _ 쉼이 필요한 시간,
　　　　　레온에서 도시의 일상을 맛보다

새벽 4시께 잠에서 깼습니다. 문득, 여기가 어디지, 내가 여기에서 혼자 뭘 하는 거지, 라는 궁금증이 몰려왔습니다. 모두가 깊은 잠에 빠져 있는 지금, 난 이역만리 스페인 땅에서 벌써 보름이 넘게 도대체 뭘 하고 있는 걸까?

어제 들렀던 레온 대성당을 마주 보고 산 이시도르^{San Isidoro} 교회와 박물관이 있습니다. 그는 세비야^{Sevilla}의 대주교로 교리 정립과 포교에 큰 역할을 했습니다. 사후 당시 이베리아 반도의 상당 부분을 지배했던 이슬람 세력의 허가를 받아 레온으로 유해를 옮겼고 지금의 교회가 건축됐습니다. 교회는 무료로, 박물관은 유료로 운영하고 있더군요.

레온 대성당보다 시기가 앞서는 산 이시도르 교회는 로마네스크 양식으로 건축됐습니다. 외벽과 기둥이 무척 두껍고 창문이 작으며 전반적으로 실내가 어둡습니다. 고딕 양식인 레온 대성당과 뚜렷하게 대비됩니다. 교회 안 제단 정중앙

에는 성경을 든 채 열변을 토하는 이시도르 성인의 조각이 있고 정문 위에는 용맹한 장수의 모습을 한 이시도르 성인이 말을 탄 채 이슬람 세력을 몰아내는 모습을 하고 있습니다.

　종교에 심취한 순례자들이라면 부르고스에 이어 레온은 안성맞춤인 도시입니다. 교회든 성당이든 그 어딜 가든 믿음이 절로 우러나오지 않을 수 없게 건축과 조각, 회화가 엄숙함과 경건함, 그리고 속죄하고 싶은 마음을 자아냅니다. 스스로 무릎을 꿇고 자신을 최대한 낮춰가며 나 자신을 되돌아보게 만들어 줍니다. 순례길은 원래 그런 길입니다.

　오랜 전쟁과 각축의 역사답게, 레온은 매우 견고한 성벽으로 둘러싸여 있었습니다. 도저히 뚫을 수 없는 난공불락의 도시처럼 보였습니다. 하지만, 당시 기술로는 최고로, 정교하게 삼중으로 축성된 콘스탄티노플 성벽도 결국 메메트 2세에게 무너졌습니다. 두껍고 높은 성벽은 순간의 안전은 보장할지 모르지만, 쌓는 순간 몰락을 예고하는지도 모릅니다.

골목을 지나다 과일가게가 보이길래 들어가 사과 세 개와 딸기 반 킬로를 사서 수시로 먹었습니다. 과일과 채소를 제때 먹기 쉽지 않아 눈에 보일 때 챙기는 게 상책입니다.

도시 곳곳에서는 여러 설치 작품을 볼 수 있습니다. 하나는 가족을 주제로 한 작품이고 다른 하나는 레온의 아이들이란 제목인 듯 보였습니다. 도시를 아름답게 하는 데 예술 작품의 역할은 매우 중요합니다. 큰 틀의 도시 기획과 정교하고 세심한 실행이야말로 도시를 보다 살맛 나게 합니다. 레온 기행, 계속 더 가보겠습니다!

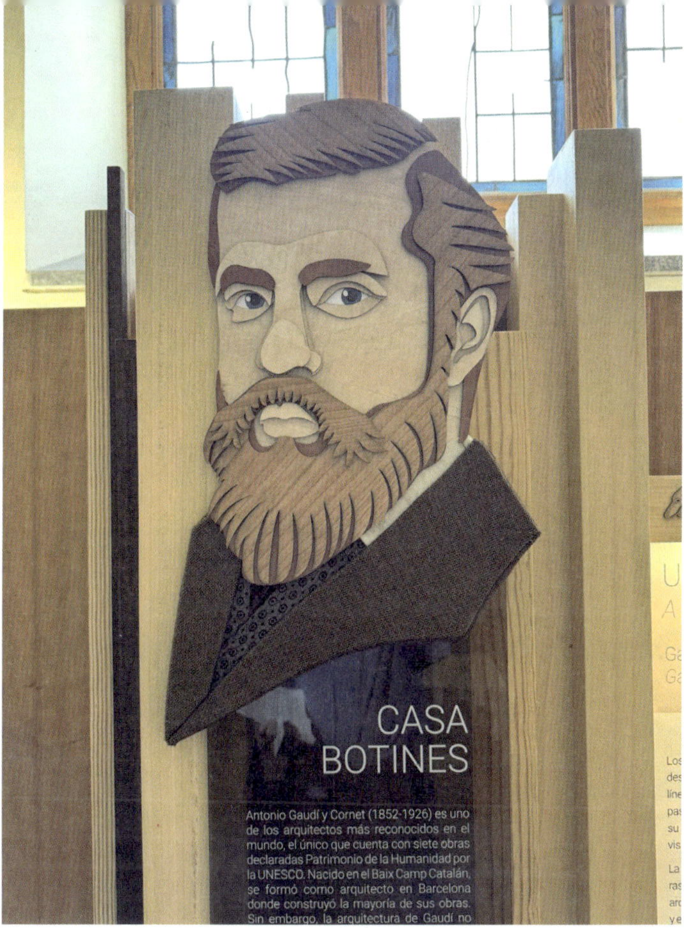

16일차 ❷ _ 쉼표가 필요한 시간, 레온에서 가우디를 만나다

뜻밖의 횡재를 했습니다. 바르셀로나에서나 볼 수 있는 가우디의 작품을 이곳 레온에서 만난 겁니다. 예상치 못한 발견에 너무나 기뻐 옛 추억을 소환하느라 바빴습니다.

Camino de Santiago

 <보티네스 주택LA CASA BOTINES>이 바로 그곳입니다. 지금은 미술관인 이곳은 130여 년 전 당시 의류 제조 사업 등으로 막대한 부를 이룬 사업가 페르난디즈와 안드레 등이 천재적인 건축가 가우디를 초빙해 건축했습니다. 당시 신흥 부르주아들은 자신들의 재력과 위상에 걸맞은 수준 높은 건축이 필요했고 가우디야말로 그 이상을 실현할 최고의 건축가였죠.

<까사 보티네스>건축의 외관 모습을 보면 용을 형상화하고 있습니다. 그래서, 이름도 La Casa del Dragon, 즉 용의 주택입니다. 여기서는 한 마을에 나타난 용이 사람들을 계속 해치자 조지라는 용사가 맞서 싸워 사람들을 구한다는 이야기를 구현해 내고 있습니다. 건물을 자세히 살펴보면, 지붕은 용의 비늘, 입구는 용의 벌린 입, 울타리조차 얽히고 설킨 창끝이 마치 금방이라도 뚫고 들어올 듯 날카로운 모습입니다.

미술관 곳곳에는 가우디의 건축 철학과 삶, 그의 작품에 대한 해설이 자세히 소개돼 있습니다. 그는 평생 모든 영감의

원천을 나무(가지, 잎사귀, 뿌리, 줄기 등 일체), 돌, 물, 동물, 구름 등 자연에서 구했고 늘 이 모든 걸 3차원으로 구현해 내는 데 심혈을 기울였습니다. 심지어, 그는 130여 년 전 이미 "미래의 예술은 기본적으로 자연의 모방에 의존할 거다. 자연이야말로 지속 가능한 유일한 생명이기 때문"이라고도 했습니다. '사그라다 파밀리아$^{Sagrada\ Familia}$', '구엘 공원' 등 가우디의 수많은 작품이 이토록 귀엽고 친근하며 마치 어린이들 놀이터처럼 우리 마음을 사로잡는 이유는 바로 이런 자연과 천진성에서 비롯될 겁니다.

　가우디는 또한, 종교에 매우 심취했습니다. 실제로 그는 산티아고 순례길 일부 구간을 걸며 영적인 체험을 심화하기도 했다고 합니다. 종교와 자연의 환상적인 결합과 그를 향한 각고의 노력은 모든 인류의 위대한 문화유산이 되기에 모자람이 전혀 없습니다.

　관람을 만족스럽게 하고 밖으로 나오니 벤치에 앉아 설계하는 모습의 가우디 동상이 있었습니다. 저도 그 옆에 앉아 오랫동안 건축물을 올려다봤습니다. 건물 외벽 보수 공사가 한창이었는데, 마치 가우디가 그곳에 앉아 설계도를 보면서 공사를 지시하는 듯한 느낌이 들었습니다. 가우디를 만나 참 행복했던 도시, 이제 레온을 떠나 다시 순례길에 오릅니다!

17일 차 _ 다시 순례길에 오르다

순례 17일 차, 레온Leon에서 오피스탈 데 오르비고Hopistal de Orbigo까지 약 6시간 20분간 35킬로 정도를 걸었습니다.

하루 쉰 덕분에 발걸음은 가벼웠지만, 등짐의 무게는 여전했습니다. 오히려, 작은 노트를 비롯한 기념품을 몇 개 구입한 탓에 무게는 더 늘었는지 모릅니다.

  La Virgen del Camino, 즉 '순례길의 성모'란 마을을 지날 때 무척 특이한 성당을 봤습니다. 외관은 현대식이지만 공간 구성은 옛 성당과 똑같았습니다. 앞면에 거친 청동으로 만든 예수님의 제자들과 성모상이 설치돼 있었고 내부에는 제단도 매우 간결하면서도 엄숙하고 경건한 분위기를 자아냈습니다.

들판 길은 아름다웠습니다. 레온에 도착하기 전 걸었던 메세타 지역의 아름다운 풍경을 다시 보는 기분이 들었습니다. 오늘따라 농사짓는 사람들을 여럿 보게 됐습니다. 막 베어낸 풀이 말라가는 냄새가 참으로 구수했습니다.

　드디어, 목적지인 Hospital de Orbigo에 도착했습니다. Orbigo 강 건너 마을 앞에 길게 놓인 아름다운 돌다리에 눈을 뗄 수 없었습니다. 세상에, 이렇게 아름다운 곳이 있다니, 하는 생각에 쌓였던 피곤이 다 사라지는 기분이 들었습니다.

알베르게에 도착해 궁금한 걸 물어보니, 바로 이곳에서 매년 5월 말 이틀간 중세 마상 창 시합과 전투 재현 행사가 벌어진다고 합니다. 800여 명이 사는 이 마을에 무려 3~4만여 명이 방문한다고 하네요. 일주일 더 뒤에 왔다면 재미있는 행사를 봤을 텐데, 하는 아쉬움도 들었습니다. 내일도 계속 가보겠습니다!

18일 차 _ 아, 아름다운 아스트로가여, 영원하라

순례 18일 차, 오스피탈 데 오르비고Hospital de Orbigo에서 엘 간소El Ganso까지 약 7시간 동안 31킬로 정도를 걸었습니다.

오늘 순례길은 어제보다 훨씬 아름다웠습니다. 해는 일찍 떴지만, 걷는 길이 대부분 산과 들판을 따라 이어져 숲과 들판이 주는 아름다움과 상쾌함을 느낄 수 있었습니다.

 잠으로 아름다운 도시 아스토르가^{Astorga}에서는 두 시간 이상을 머물면서 찬찬히 도시를 둘러봤는데 가우디^{Gaudi}가 설계한 아르누보 양식의 건축물도 볼 수 있었습니다. 마침, 가우디 작품은 아스트로가 대성당 옆에 있어서 인근 가우디 호텔 바에서 에스프레소 한 잔 시켜 광장에서 두 건축물을 오랫동안 바라보며 시간을 즐겼습니다. 나중에 따로 가우디 작품만 꼼꼼하게 보기 위해 바르셀로나를 다시 방문해야겠단 생각을 하기도 했습니다.

 문을 여는 10시까지 한참 동안 기다렸다 입장한 산타 마르타 성당$^{Iglesia\ de\ Santa\ Marta}$은 기다린 보람이 있었습니다. 우연히도 제가 첫 입장객이었고 그래서 한 10분 동안 혼자 둘러보는 호사를 누리기도 했습니다. 다른 성당과 달리 바닥이 나무로 되어 있어 걸을 때마다 소리가 울렸는데, 신경이 쓰이면서도 은근히 나만의 독차지가 된 듯해 기뻤습니다.

 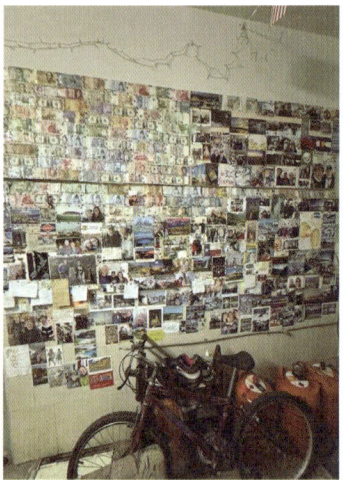

순례길에서 신용카드를 받는 곳이 생각보다 적어 모바일 월넷을 준비해 온 저로서는 갈수록 현금이 부족해 고민하다 마침 아스트로가의 한 ATM에서 수백 유로를 인출했습니다. 역시나 오늘 묵을 알베르게는 현금만을 고수하더군요. 숙박과 저녁 식사를 합쳐 20유로가 넘길래 카드를 내겠다고 하자 '여긴 스페인이야'라면서 현금을 달라고 해 함께 웃었습니다.

순례가 길어질수록 체력과 갈증을 보충하는 게 중요해져 최대한 단백질과 과일을 자주 먹고 있습니다. 고기 위주의 식사를 하고 있고 과일 가게가 보일 때마다 들러 사과나 오

렌지를 사는 이유입니다. 오늘은 처음으로 체리도 좀 사서 먹으며 걸었습니다.

레온을 지나면서 아주 멀리 설산이 보였는데, 오늘따라 더 선명하게 눈 덮인 산봉우리가 다가왔습니다. 그러고 보니, 아스토르가를 벗어나면서 지형도 완전히 바뀌었습니다. 대평원은 사라지고 아득하게 겹겹이 산만 보입니다. 이제 순례길 여정도 중반을 지나면서 모든 게 달라지고 있습니다. 그 길, 계속 가보겠습니다!

19일 차 _ 사랑하는 사람들에 대한 소망을
철십자탑 아래에 놓다

 순례 19일 차, 엘 간소^{El Ganso}에서 몰리나세카^{Molinaseca}까지 약 7시간 동안 32킬로 정도를 걸었습니다.

 어제 아스토르가^{Astorga} 시내를 빠져나가고 있을 때였습니

다. 반대편 인도에 어르신 한 분이 지나길래 "올라, 부에노스 디에스$^{Hola!\ Buenos\ Dias!,\ 안녕하세요,\ 좋은\ 아침입니다!}$"라고 인사를 건넸더니 그분도 "올라!"라고 맞받더니, 뭔가 말을 하는 겁니다. 제가 걷는 동작을 따라 하며 "Muchos Caminos"라는 말이 섞여 있어, "왜 그렇게 빨리 걷냐? 아직도 갈 길이 멀다"라고 이해했습니다. 그리고, 바로 깨달았습니다.

사실 제가 걸음이 좀 빠른 편입니다. 20여 년 전 자동차 추돌사고로 디스크 수술을 받은 이후 뛰면 안 된다는 조언을 받고 빨리 걷기를 생활화 해오고 있습니다. 지리산 종주 때도 가파른 언덕이든 평지든 거의 비슷한 속도로 걷습니다.

어르신과의 만남 후 제가 굳힌 결심은 '아무리 바빠도 발바닥을 땅에 붙이며 걷자'입니다. 그렇게 했더니, 자세가 안정되고 마음의 여유가 생겼습니다.

오늘은 피레네산맥을 넘던 첫날 이후 가장 가파른 산길을 오르내린 날이었습니다. 1,500여 미터 정상을 두 번이나 오르내렸습니다. 아스라이 만년설이 쌓인 산봉우리에서 서늘한 바람이 불어와 땀을 식혀줬고, 안개가 자주 순례길을 감싸 신비롭기까지 했습니다.

    오늘 순례의 절정은 바로 폰세바돈^{Foncebadon}에서 약 5킬로 정도를 지나면 나타나는 철십자탑^{La Cruz de Ferro}입니다. 약 1,530미터 높이에 세워진 이 탑은 전 세계 수많은 순례자가 자신과 이웃의 소망을 적은 작은 돌을 가져와 놓고 가는 곳입니다. 저 역시 한국에서 가족, 어머니, 형제, 친구와 이웃들의 안녕을 적은 조개, 메모지 등을 곳곳에 놓았습니다. 그리고, 오랫동안 주위를 돌며 내가 사랑하는 사람들, 나를 아껴주고 이끌어 주는 모든 이에게 감사하는 마음을 전했습니다. 이미 쌓여있는 수많은 소원, 그리고 사람들이 놓은 다양한 메시지도 찬찬히 살펴보았습니다.

　지난 19일간 간직해왔던 사랑하는 사람들에 대한 마음을 이곳에 내려놓고 나니 비로소 임무 하나가 끝난 듯해 참으로 홀가분해졌습니다. 앞으로도, 철십자탑은 쭉 사람들의 소망을 받아 안겠죠. 어느덧 한국을 떠난 지 20일이 넘어가고 있습니다. 순례길도 중반을 지나고 있습니다.

20일 차 _ 괴짜 신부님, 알베르토 신부님

순례 20일 차, 몰리나세카에서 비야프랑카 델 비에르소 Villafranca del Bierzo까지 약 32킬로 정도를 7시간여 걸었습니다.

어제 오후에 알베르게 입구에 바로 차가 한 대가 서더니 어르신들이 내리시길래 인사를 했습니다. 잠시 후 돌아온 할아버지는 자신이 맞은편 성당 신부라며 제게 축원을 해줬습니다. 너무나 뜻밖이라 거듭 고맙다고 한 뒤 헤어졌습니다.

저녁 식사 후 카페에서 스케치하던 중에 다시 만난 신부님은 바로 옆 자신의 집을 보여주겠다 하십니다. 할머니는 자기 여동생이라고 하더군요. 그렇게 해서 얼떨결에 댁에 들어가자마자 입이 떡 벌어졌습니다. 사방이 온통 엄청난 물건으로 가득 차 있었습니다. 크고 작은 각종 농기구와 순례자들이 쓰는 나무 지팡이, 나무와 금속으로 된 수많은 건축 관련 부재들이 벽과 선반에 진열돼 있었습니다.

이 모든 게 직접 제작하거나 수집한 것이라 합니다. 너무 압도적인 작품들을 보면서 박물관을 운영해도 좋겠단 생각도 들었습니다. 그런데, 문제는 제가 그리는 스케치를 꼭 자

신에게 달라고 하는 겁니다. 솜씨가 형편없다고 하니까 아름다운 작품이라며 자기 집 벽에 붙여놓을 거라고 합니다.

제가 와인 한 잔 권하니, 아쉽게도 지금 선약이 있다며, 꼭 제 스케치를 남겨달라며 다시금 정성을 다해 축원을 해주셨습니다. 결국, 저는 스케치를 끝낸 뒤 이름과 이메일을 뒷면에 적어 문 밑으로 밀어 넣고 숙소로 돌아왔습니다. 참으로 유쾌한 만남이었습니다. 나중에 다시 온다면 미사에도 참석하고 따로 와인도 한 잔 나누고 싶습니다. 그분께도 우리나라와 한국인에 대한 좋은 인상이 남길 바라며 도시를 떠나왔습니다.

　도시를 빠져나오면서 발전소를 박물관으로 탈바꿈시켜 도시재생의 성공적 사례로 여러 책에도 소개된 '에너지박물관'을 지나게 돼 참 기뻤습니다. 오래고 낡은 도시를 살맛 나고 매력적인 도시, 청년과 일자리가 가득한 도시로 바꾸는 도시재생은 마치 순례길 걷듯 꾸준하게, 꼼꼼하게 살펴야 성과가 나타날 겁니다.

　침상 정리와 샤워, 빨래와 늦은 점심, 그리고 도시 구경까지 하루의 일상이 모두 끝난 지금, 이제부터 본격적으로 나만의 시간에 들어갑니다. 그리고, 내일도 계속 가보겠습니다.

San Nicolas El Real 2024.5.27

05. 길에서 만난 낯선 나에게 갈리시아*

21일 차 _ 당신은 지금 인생길의 오르막과
내리막 중 어디에 계신가요?

순례 21일 차, 비야프랑카 델 비에르소^{Villafranca del Bierzo}에서 오 세브레이로^{O Cebreiro}로까지 약 6시간 동안 31킬로 정도를 걸었습니다.

오늘은 순례 첫날 피레네산맥을 넘은 이래 가장 많은 땀을 흘린 날입니다. 첫 20여 킬로는 비교적 순탄했습니다. 더욱이, 제법 큰 하천이 계속 이어지면서 물소리와 새소리를 듣다 보니 지루한 줄 몰랐습니다.

하지만, 딱 거기까지였습니다. Ruitelan이란 마을을 벗어나자 갑자기 순례길이 산속으로 이어지며 경사가 가팔라지기 시작했습니다. 꼭대기를 보는 대신 심호흡을 크게 하며 한 발 한 발 내딛는 데 집중했습니다. 하지만, 어느 순간 진흙탕 길이 이어지고 올라갈수록 더욱 힘들어졌습니다.

오 세브레이로에 오면서 드디어 레온 지역을 벗어나 산티아고가 속한 갈리시아^{Galicia} 지역에 들어왔습니다. 이정표가 서로 다르긴 하지만, 산티아고까지 거리가 200킬로 이하로 남았다는 걸 알려줍니다. 걸어온 거리보다 걸어가야 할 거리가 훨씬 더 짧아졌다는 게 믿기지 않습니다.

오 세브레이로는 또한 지금 우리가 걷고 있는 순례길을 직접 걸은 뒤 길 방향을 알리는 노란 가리비 모양의 상징을 만든 삼 페드로 신부가 묻힌 곳이자 미사 집전 중 면병과 포도주가 성체와 성혈로 바뀌는 기적이 발현된 곳이라고도 합니다. 그래서인지 산 정상에 자리한 작은 마을이지만, 일년 내내 순례자와 방문객들이 끊이지 않습니다.

　산 정상에 서서 지나온 산 아랫마을과 내일 걸어가야 할 다른 쪽 저 아득한 마을들을 바라봅니다. 오르막이 있으면 내리막이 있는 게 산길인데, 그건 바로 우리 인생길과도 같습니다. 햇볕이 워낙 따뜻해 돌 벤치 위에 잠시 누워 생각

에 잠겨봅니다. 인생이라는 긴 행로에서 저는 과연 어디에 있을까요, 여러분은 과연 어디에 있나요? 밤 9시가 훨씬 넘어 떨어지기 시작한 석양, 그 아름다움에 취해 넋을 잃고 한동안 머물렀습니다.

Camino de Santiago

22일 차 _ 세상에는 참 아름다운 사람들이 넘쳐 납니다.

순례 22일 차, 오 세브레이로^{O Cebreiro}에서 사리아^{Sarria}까지 약 7시간 동안 41킬로 정도를 걸었습니다.

아스라이 저 멀리 동쪽에는 해가 떠오르고 서쪽으로는 일망무제의 전망이 이어졌습니다. 캄캄한 이른 새벽길을 나서 온 산하가 다 환해질 때까지 제 앞에는 그 누구도 없었습니다. 순례길을 독차지하는 행운을 누린 겁니다. '아, 저기 끝 어디엔가 산티아고와 피스테라^{땅끝}가 있겠구나'하는 생각과 함께 '이렇게 아름다운 풍경을 보기 위해 어둠 속에 길을 나섰고 그 보상을 충분히 받고 있구나, 이렇게 기가 막히고 아름다운 장면을 과연 몇 번이나 볼 수 있을까' 하는 기분을 느끼며 걷고 또 걸었습니다.

트리아카스텔라Triacastela를 지나자마자 순례길은 두 갈래로 갈라졌습니다. 사모스Samos를 거쳐 사리아로 가는 길과 사리아로 직행하는 길 중 선택해야 했습니다. 결국, 8킬로가 더 짧은 직행 길을 골랐습니다.

 그리고, 그 선택은 탁월했습니다. 마을에서 쉴 데를 찾고 있는데 우연히 사람들이 모여있는 곳을 발견했고, 그곳은 바로 'Terra de Luz, 즉, 빛의 땅'이라는 곳이었습니다. 지치고 배가 출출할 순례객을 위해 과일과 채소, 빵, 커피까지 다양한 음식을 기부제로 운영하고 있었습니다. 누구든 자유롭게 음식을 먹으면서 언제까지고 편안하게 쉬다 가라고 하더군요. 에스프레소를 시킨 뒤 가져온 분에게 물어보니, 5년 전에 시작했는데, 일하는 분들 모두 자원봉사자들이랍니다.

사리아에 도착해 일과를 마친 저는 늦은 점심을 먹고 나서 시내를 한 바퀴 돌았습니다.

이곳은 유난히 알베르게, 카페, 바, 레스토랑이 많은데 바로 사리아는 산티아고로 가는 매우 중요한 길목이기 때문입니다. 수백 킬로를 걸어온 순례자들은 이 도시에서 재충전하며 남은 일정을 준비합니다. 특히, 누구든 100킬로 이상

걸으면 순례 완주증을 받을 수 있는데, 바로 이곳 사리아에서 시작하면 됩니다. 그래서, 엄청난 인파가 이곳으로 온다고 합니다.

 프랑스 생장에서 시작하든 이곳에서 시작하든 전혀 중요치 않습니다. 순례길에 오르는 모두는 자신만의 사연을 간직하고 옵니다. 그 마음 그대로 산티아고까지 걸으면 됩니다. 순례길은 단순히 걷기만 하는 곳이 아니라 사람을 만나고 교류하는 공간입니다. 전 세계에서 온 수많은 순례자들은 기본적으로 모두 아름다운 사람들입니다. 그 아름다운 사람들과 함께 오래도록 순례길을 걷고 싶습니다.

23일 차 _ 어느덧 산티아고까지 100킬로가 안남았네요!

순례 23일 차, 사리아Sarria에서 오스피탈 데 크루스Hospital de Cruz까지 약 7시간 동안 34킬로 정도를 걸었습니다.

여느 때처럼 오전 6시가 조금 넘어 출발했습니다. 간밤에 주변

순례자들의 코 고는 소리가 어찌나 심하던지 자정 이후로 제대로 잠을 이루지 못했습니다. 이제는 적응할 만도 한데 쉽지 않습니다. 귀마개를 해도 소용이 없어, 결국 제가 할 수 있는 건 좌우로 몸을 뒤척이며 귀를 침낭 깊숙이 파묻은

채 쪽잠이라도 자는 겁니다.

 길은 대체로 평탄하면서도 아름다웠는데 마치 우리 시골 마을의 오래된 골목길과 마을로 이어진 동산길을 걷는 듯했습니다.

 순례길에서 들린 가장 큰 도시는 바로 포르토마린^{Portomarin}이었는데, 마치 한강처럼 제법 큰 마뇨 강$^{rio\ Mano}$ 너머 아름다운 모습으로 자리하고 있었습니다.

포르토마린의 상징은 중세 시대의 돌다리와 12세기에 건립된 산 소산$^{San\ Xosan}$ 성당인데, 이 모두 대규모 저수지가 조성되면서 옛 도시가 수몰됐고, 성당은 도시 한복판 고지대로, 돌다리 역시 일부만 도시 입구에 옮겨다 놨습니다. 산 소산 성당은 산티아고 길을 지키는 기사단의 본거지로도 쓰였기 때문에 요새와도 같은 모습을 하고 있습니다.

오늘 본 가장 특이한 건축물은 바로 오레오^{Horreo}입니다. 이곳 갈리시아 지역의 전통 곡물 보관 창고입니다. 쥐나 새 등 야생동물의 공격을 막기 위해 지상 위에 직사각형 모양으로 만드는데, 공기 순환을 고려해 나무판자나 작은 구멍이 뚫린 벽돌을 촘촘하게 이어 붙입니다. 물론, 오레오가 지금은 큰 역할은 하진 못하지만, 어느 지역이든 삶의 지혜를 전통으로 만들어 오래도록 이어오고 있다는 걸 확인해 흐뭇했습니다.

Camino de Santiago

그러고 보니, 이제 산티아고까지 100킬로가 아니라 80킬로 정도 남았습니다. 아쉬움과 설렘, 안타까움과 두려움, 이 모든 감정을 고스란히 마음속에 간직한 채 계속 가보겠습니다!

24일 차 _ 오래된 것은 아름답다

  순례 24일 차, 오피스탈 데 쿠르스Hopistal de Cruz에서 보엔테Boente까지 약 6시간 반 동안 34킬로 정도를 걸었습니다. 생장을 출발할 때만 해도 몹시 추워 몸을 움츠릴 때가 많았는데, 이제 순례길 종반으로 접어드니 여름이 다가오고 있다는 느낌이 듭니다.

  어제와 마찬가지로, 오늘 순례길은 정말 아름다웠습니다. 낮은 돌담으로 둘러싸인 마을을 지나왔습니다. 돌과 흙으로 벽을 쌓고 돌기와로 지붕을 한 시골집이 무척 예뻤습니다.

Camino de Santiago

　수많은 시골 마을을 지나치며 이 마을을 처음 만들고 지켜온 이들에 대해 생각해 봤습니다. 당시에 구할 수 있는 재료가 대부분 돌과 목재, 흙이었을 겁니다. 오래 버틸 수 있는 돌로는 주택, 성당, 담장, 그 밖의 공공시설을 지었을 겁니다. 마차가 지나가기도 하고 가축들도 지나면서 지금처럼 얇은 돌을 깔아 포장했을 겁니다.

  옛 조상들의 오랜 지혜는 세대를 이어오며 우리가 목격하는 아름다운 마을로 남았을 겁니다. 그래서, 저는 '오래된 모든 것은 아름답다'고 생각합니다. 오래된 것은 낡고 추한 게 아니라 아름다운 것이며 이를 발견하려는 노력을 게을리한다면 우리 삶 또한 금세 낡고 추해질 겁니다.

  순례길에서 지나온 가장 큰 도시는 멜리데^{Melide}였습니다. 여러 중요 문화유산이 있었지만, 그중 제 기억에 가장 남는 건축물은 바로 '성 로크와 베드로 성당$^{San\ Roque\ \&\ Pedro}$'입니다. 원래 14세기에 건립됐으나 무너져 내린 걸 1949년 복원했다고 합니다. 이 성당의 앞면^{facade}은 이곳 갈리시아 지역의 중세 예술품 중 가장 아름답다는 평가를 받고 있습니다. 그리고, 실제로 우리가 현재 쓰는 10유로짜리 지폐의 앞면에도 실려 있습니다.

이제 산티아고까지 50킬로가 채 남지 않았습니다. 어제 100킬로 이정표를 지나온 지 하루 만입니다. 마음이 문득 조급해지는 걸 느끼지만, 너무 서두르지 않겠습니다. 지금까지 해왔듯 내 속도, 특히 내 마음의 속도를 유지하면서 당당하고도 멋지게 계속 가보겠습니다!

25일 차 _ 내 마음은 이미 산티아고에 가 있습니다!

순례 25일 차, 보엔테Boente에서 오 페드로우소O Pedrouzo까지 약 4시간 30분여 동안 29킬로 정도를 걸었습니다. 오늘은 다른 어떤 날보다 걷기에 집중한 하루였습니다.

순례길은 최근 며칠처럼 평탄했습니다. 언덕을 오를 때마다 아름드리 떡갈나무가 하늘을 가린 채 시원한 그늘을 만들어 주었습니다. 순례길이 지나가는 마을마다 서로 경쟁하

듯 담장과 안길, 그리고 여러 상징물을 예쁘게 장식해 놔 순례자들은 사진 찍느라 자주 멈춰야 했습니다.

오늘도 바람이 몹시 거셌습니다. 땀을 식혀주는 정도가 아니라 모자를 벗길 정도였습니다. 거대한 유칼립투스 나무

군락이 마치 갈대처럼 휘며 내는 소리가 장엄하게 귓가를 때렸습니다. 그 바람 소리가 세상의 모든 갈등과 다툼이 내는 소리를 모두 삼켜 버리면 참 좋겠단 생각이 계속 들었습니다. 산티아고에 가까워질수록 조림과 육림을 통해 목재 생산을 장기적으로 하고 있단 생각이 듭니다. 산이 국토의 대부분을 차지하지만, 경제성 있는 수종을 제대로 생산해내지 못하는 우리 현실과 많이 대비됐습니다.

산티아고까지의 거리를 알려주는 이정표가 100킬로에서 50킬로로, 또 50킬로에서 40, 30, 그리고 마침내 20킬로로 숫자가 바뀔 때마다 제 마음은 마구 요동쳤습니다. 오늘 아침 출발할 때만 해도 침착하게 내 속도를 유지하자고 몇 번

이나 다짐했건만 막상 숫자가 계속 줄어드는 모습을 보며 머릿속은 무척 복잡해졌습니다.

결국, 마음을 다잡았습니다. 내일 마지막 날 충분히 걸을 만큼을 남겨두자고 마음먹은 겁니다. 비록 11시가 조금 넘어 예정했던 도시 오 페드루오소에 도착했지만, 미련을 버리고 바로 알베르게로 향했습니다.

    주위 풍경은 이렇다 할 큰 변화를 찾기 힘들지만, 길가의 모습은 완연하게 달라졌습니다. 장미는 일찌감치 만개했고 오늘따라 수국이 그 다양한 색깔의 꽃을 유감없이 보여주고 있었습니다. 수국은 같은 나무라도 뿌리가 빨아들이는 성분이 산성이냐 알칼리성이냐에 따라 색이 달라집니다.

    산티아고 도착을 하루 앞둔 오늘은 참으로 만감이 교차하는 복잡한 하루가 될 듯합니다. 잠들 때까지 되도록 그간 걸어온 길을 되돌아보고 내일 이후 또 무엇을 어떻게 할 것인가 곰곰이 생각해 보는 시간을 갖겠습니다.

06. 걷다 보면 알게 될 지도 산티아고에서 땅끝까지*

26일 차 _ 아, 마침내 천년 믿음의 도시 산티아고에 도착하다!

순례 26일 차인 2024년 6월 2일 일요일 아침 8시께, 마침내 산티아고 데 콤포스텔라^{Santiago de Compostela} 대성당에 도착했습니다! 숙소를 출발한 지 3시간 반 만입니다. 도시에 들어올 때부터 가슴이 두근거리며 몹시 설렜는데 광장에 도착하니 너무나 기쁜 나머지 주체할 수가 없었습니다. 어찌나 기쁘던지 눈물까지 나더군요.

도시는 잠들어 있었고 성당 두 첨탑 사이로 해가 막 떠오르고 있었습니다. 오브라도이로 Obradoiro 광장에는 순례자들 10여 명이 전부였고 7~8명의 말을 탄 사람들이 승마 연습을 하는 듯 보였습니다. 차가운 바람이 광장을 휘돌았지만, 내 온몸에서 뿜어나오는 뜨거운 열기가 느껴졌습니다.

한동안 광장을 떠날 수 없었습니다. 배낭을 내려놓고 맞은편 벽에 등을 기댄 채 성당을 응시하며 지난날을 되돌아봤습니다. '내가 이뤄냈구나. 26일 만에 마침내 도착했구나.' 주마등처럼 빠르게 순례길 여정과 길 위에서 만났던 인연들이 스쳐 갔습니다.

　감정을 추스른 후 인근에 있는 순례자협회로 가니 이미 수십 명이 줄을 서 있었습니다. 몇 가지 정보를 입력한 뒤 완주 증명서를 받았고 자원봉사자들이 아주 밝은 얼굴로 축하를 보내줬습니다. 산티아고로 오는 모든 순례길의 기점인 '0Km' 표석에서 기념사진도 찍었습니다. 만나는 순례자마다 웃음꽃이 떠나질 않았고 기꺼이 서로를 위해 포즈를 취하고 사진을 찍고 안아주며 격려했습니다.

 솔직히, 밤새 잠을 설쳤습니다. 내내 머릿속엔 '산티아고' 뿐이었습니다. 새벽 4시 30분경 알베르게를 나섰습니다. 지난 순례 일정 중 가장 일찍 출발한 겁니다.

 산길에서 문득 손전등을 끄자 갑자기 하늘이 온통 수많은 별로 반짝였습니다. 북두칠성을 비롯해 여러 별자리가 무척 또렷하게 눈에 들어왔습니다. 우리나라에서는 제대로 보기 어려운 이 아름다운 장면에 한동안 넋을 잃고 봤습니다. '별빛이 아름답게 빛나는 언덕'에서 양치기가 산티아고^{야곱 성인}의 무덤을 발견해 그 이름을 얻은 '산티아고 데 콤포스텔라.' 정말 저는 오늘 산티아고의 이름에 제대로 걸맞은 풍경을 미리 보는 행운을 누렸습니다.

　산티아고 대성당을 돌아보는 데 상당한 시간이 들었습니다. 엄청난 규모뿐 아니라 화려한 금박으로 이뤄진 실내 장식은 압도적이란 말이 지나치지 않을 정도로 탄성을 자아냅니다. 무려 700여 년에 걸쳐 수많은 증축과 개보수를 거쳐 오늘의 모습을 완성한 대성당, 그 성당의 주인공은 단연코 '산티아고'입니다. 그리고, 그의 유해를 보고 성인의 등을 안아보기 위해 사람들은 긴 줄을 서는 수고를 마다하지 않습니다.

　알라메다Alameda 공원에서 바라보는 도시는 온통 붉은 기와 지붕으로 가득해 마치 한 폭의 그림과도 같았습니다. 일

요일을 맞아 시민들은 공원에서 휴식을 취하고 저와 같은 순례자들과 방문객들은 성당과 박물관, 카페와 레스토랑을 가득 채우고 있습니다.

여느 유럽의 오랜 도시처럼 수많은 좁은 골목으로 이어진 도시를 걸었습니다. 굳이 지도를 보지 않고 미로를 지나듯 골목을 누볐습니다. 원래 성벽으로 이어져 있던 도시답게 곳곳이 막혀 있지만, 다시 돌아 나오면 그만입니다. 바로, 그런 재미가 골목길 산책의 묘미이기도 합니다.

 프랑스길 800여 킬로를 지난 26일간, 레온^{Leon}에서 쉰 하루를 빼면 정확히 25일간 걸었습니다. 피곤과 고통의 순간도 있었지만, 그마저 다시 오지 않을 최고 순간으로 여기며 걸었습니다. 네덜란드, 벨기에, 독일, 미국, 오스트레일리아, 이스라엘, 남아프리카, 캐나다, 잉글랜드, 스페인, 이탈리아,

프랑스, 오스트리아, 그리고 한국까지. 국적은 달라도 마음을 나누는 데는 아무런 불편이 없었습니다. 그 소중한 인연들과 주고받은 따뜻한 정이 없었다면 순례길은 참으로 고독하고 힘들었을 겁니다.

이제 산티아고까지의 여정은 이것으로 마무리하지만, 순례는 계속 이어집니다. 산티아고의 유해를 실은 돌배가 도착했다는, 그 당시만 해도 '땅의 끝'이라 불렸던 피스테라^{Fisterra}까지 걸어볼 작정입니다. 성지의 하나인 묵시아^{Muxia}를 거치기에 또 얼마나 걸릴지 알 수 없습니다. 몸과 마음이 가는 대로, 무리하지 않고 제 마음의 속도대로 걷겠습니다. 그 이후 다시 산티아고로 돌아와 찬찬히 도시를 음미하겠습니다.

여유 있게 햇볕을 즐기면서 저녁을 먹고 숙소로 돌아오는 길에 마침 대성당 미사가 끝나며 행신이 시작됐습니다. 합창단이 앞장서고 사제단이, 그리고 그 뒤를 이어 참석자들과 순례자들 모두 한 덩어리가 돼 골목을 함께 걸었습니다. 종소리가 끊임없이 울려 퍼지며 도시 전체를 감쌉니다. 위안과 새로운 삶에 대한 용기, 그리고 희망을 얻은 순례자들은 또 저마다의 삶을 이어갈 겁니다. 숙소로 돌아와 침대에 누운 내 귓가를 여전히 감도는 종소리, 그 아름다운 소리에 취해 잠들었습니다.

27일 차 _ 서쪽으로, 계속 서쪽으로

순례 27일 차, 산티아고 데 콤포스텔라Santiago de Compostela에서 빌라세리오Vilaserio까지 약 5시간 동안 35킬로 정도를 걸었습니다. 처음엔 약 30킬로 지점에 있는 아 페나A Pena까지 걸으려 했는데, 목적지를 찾지 못해 결국 다음 마을까지 걷게 됐습니다.

산티아고 대성당 앞 광장을 가로지르는데 기분이 묘했습니다. 불과 하루 전만 해도 이곳은 환희와 감격으로 도가니였습니다. 그런데, 이제 그 감정을 뒤로 하고 다시 길을 떠나면서 작별 인사를 하고 있다니! 하지만, 곧 다시 돌아올 것이기에 크게 아쉽지도, 안타깝지도 않았습니다. 대성당을 향해 작별 인사를 한 뒤 바로 피스테라로 향하는 순례길에 올랐습니다.

순례길에 오르는 사람은 많지 않았는데 처음 10킬로 정도 구간에서 20여 명을 지나친 게 전부였습니다. 여태껏 걸었던 그 어느 구간보다 한적했으며 혼자만이 그 아름다운 길을 독차지하는 호사를 누릴 수 있었습니다.

 빌라세리오에 도착해 눈에 보이는 알베르게를 찾아 들어갔는데, 무척이나 넓은 정원과 오래됐지만 아늑한 내부 공간이 마음에 들었습니다. 주인 할머니는 영어를 거의 못했는데, 다른 알베르게와 달리 제 여권 정보를 손으로 노트에 일일이 적고 침대를 배정해 줬습니다.

　순례자들과 함께 식사하고 삼삼오오 모여 늦은 밤까지 대화를 나눕니다. 주로 독일 순례자들이 많더군요. 제가 그저께 본 순례자 통계에 따르면, 한국은 5위, 독일은 6위로 약 1천여 명이 더 적었는데, 여기선 압도적으로 독일 순례자가 많아 그 통계가 잘못된 거 아니냐며 서로 웃었습니다.

　밤 9시가 훨씬 넘었고 이제 저 아름다운 태양도 지고 있습니다. 내일 저는 저 태양이 지는 서쪽으로, 더 서쪽으로 계속 가보겠습니다!

28일 차 _ 신을 믿어야 한다면 나는 태양신을 믿겠다

순례 28일 차, 빌라세리오 Vilaserio에서 둠브리아 Dumbria까지 약 6시간 반 동안 33킬로 정도 걸었습니다.

오늘 두 가지 실수를 연거푸 저질렀습니다. 첫째는 길을 잃은 겁니다. 들판에 있는 한 주택 옆을 지나는데, 갑자기 짖는 소리가 요란하게 나더니 송아지만 한 개가 울타리를 뚫고 내 앞에 나타나 위협했습니다.

　생각해 보면, 사나운 개를 만나기 전에 이미 길을 잘못 들어섰습니다. 무슨 생각인가에 골몰하느라 순간적으로 표지석을 지나쳤나 봅니다. 거기에다 사나운 개까지 만나면서 제 마음이 어수선해지고 길을 잃고 헤맸던 겁니다.

두 번째는 한 카페에서 에스프레소를 들고 오다 떨어뜨린 겁니다. 제가 미안해하며 정리하는데, 주인이 나와 흔히 있는 일이라며 새 에스프레소를 갖다주고 청소를 했습니다.

길을 잃은 일도, 에스프레소 잔을 깨뜨린 일도 순례 도중 처음 겪습니다. 산티아고에 도착할 때까지 유지했던 긴장이 풀렸나 봅니다. 순례를 마칠 때까지, 아니 귀국할 때까지 긴장을 늦추지 말고 조심 또 조심하자고 거듭 다짐했습니다.

 독일 청년이 말합니다. "당신은 왜 매일 보는 저 태양 사진을 찍습니까?" "지금 보는 태양을 다시는 못 보기 때문이죠."

청년이 말합니다. "늘 똑같잖아요. 내일 아침에 우리는 다시 보잖아요." 저는 말합니다. "태양은 언제, 어디에서, 어떻게 보느냐에 따라 다 다릅니다. 그건 바로 매 순간 내 마음이 담기기 때문이죠. 그리고, 내일 아침에 우리가 다시 저 태양을 본다는 보장이 있나요?" 순간, 청년은 말없이 고개를 끄떡입니다.

저는 또 말합니다. "만일 신을 믿어야 한다면, 태양신을 믿겠습니다. 태양은 모든 생명의 원천입니다. 젊은 당신과 달리 나는 뜨는 해만큼 지는 해가 아름답습니다. 마치 우리 인생과도 같아요. 석양은 보고 또 봐도 질리지 않고 아름답기만 합니다!"

전날 함께 식사한 뒤, 석양을 바라보며 독일 청년과 나눈 대화입니다. 그는 스페인 북쪽 해변을 따라 걷는 '북쪽 길(The Northern Way)'을 달리기로 통과하는 사람입니다. 서로 다른 사유체계를 가진 그가 과연 내 말뜻을 알아들었을까요? 제대로 이해하진 못해도 '저렇게도 생각할 수 있구나'라고만 여겨주면 좋겠습니다. 인연과 사연이 모이고 또 헤어지는 공간이 바로 순례길입니다. 계속 더 가보겠습니다.

29일 차 _ 묵시아에 도착하다!

순례 29일 차, 둠브리아Dumbria에서 묵시아Muxia까지 약 4시간 동안 22킬로를 걸었습니다. 오전 6시 반께 출발한 저는 10시 반께 묵시아에 있는 한 알베르게에 도착해 짐을 풀었습니다.

가파른 언덕길을 거의 다 내려왔는데, 한 여성이 실바닥에서 뭔가를 하고 있었습니다. 알고 보니, 그는 트레이시Tracy라는 미국 미주리주 출신 여성으로, '대지 예술Land Art'에 푹 빠진 예술가였습니다. 대지 예술가들은 나뭇가지, 나뭇잎, 돌 등 자연에서 구할 수 있는 재료를 활용해 자연 그 자체에 작품을 남긴다고 합니다. 트레이시가 오늘 제게 보여준 작품은 '긴장tension'으로, 나무뿌리가 돌을 쪼개는 듯한 모습입니다. 제 눈이 새로 떠지는 느낌을 받았습니다.

　고개를 내려오니 갑자기 바다가 나타납니다. 너무나 기쁜 나머지 저도 모르게 환호성을 지르고 말았습니다. 드디어, 대서양Atlantic Ocean에 도착한 겁니다.

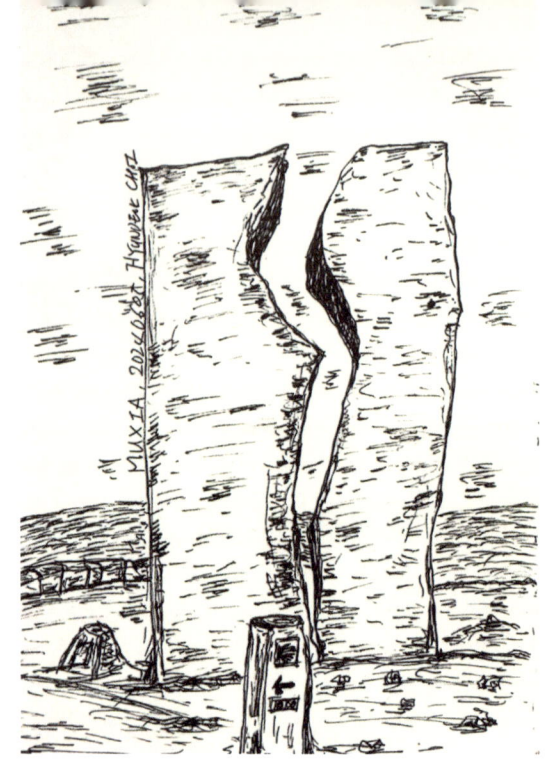

하지만, 묵시아 이곳은 2002년 유조선이 좌초된 곳이기도 합니다. 스페인 정부는 이곳에 기념탑을 세웠는데, 갈라진 두 개의 거대한 돌이 밑으로 내려올수록 하나로 합쳐지는 그 모습 자체가 인류의 화합과 협력을 상징한다고 생각했습니다. 사람들은 '0km' 표지를 보러 왔다 문득 그 뒤에 마치 병풍처럼, 아무런 표지판도 없이 당연한 듯 있는 기념탑을 보게 될 겁니다. 참으로 절묘한 조화, 환상적인 궁합입니다.

묵시아는 또한 성모 발현 성지로도 유명합니다. 산티아고, 즉 야곱 성인의 유해가 육지에 잘 닿도록 성모가 길을 인도했다는 것이죠. 저처럼 평범한 사람에게 기적은 다른 차원의 이야기처럼 들리지만, 그 기적을 믿고 자신의 삶을 바꾸는 행위는 참으로 훌륭합니다.

다시 트레이시를 만났고 함께 저녁을 먹으며 많은 대화를 이어갔습니다. 네 자녀를 둔 그녀는 저보다 10살이나 많았는데, 순환론적, 신비주의적 세계관에 대해 오래 말했습니다. 명상을 중시하는 그녀는 아예 미주리주 집 자체도 명상 중심으로 신축했다며 사진을 보여줬습니다. 서로 그리고 만든 걸 교환하고 이메일로 계속 연락하자고 하면서 헤어졌습니다.

바닷가를 한 바퀴 걸은 뒤 갈매기와 파도 소리 들으며 숙소로 돌아왔습니다. 이렇게 묵시아의 하루도 저뭅니다. 그리고, 내일 이제 이 순례의 마지막 종점이 될 '땅끝' 피스테라Fisterra, 피니스테레Finisterre로 갑니다.

30일 차 _ 마침내 대륙의 끝 피스테라에 도착하다!

 순례 30일째, 마침내 대륙의 끝 '피스테라Fisterra(피스테라는 갈리시아어이고 일반적으로는 피니스테레Finisterre라고 부름)'에 도착했습니다. 프랑스 생장을 출발한 지 꼭 30일 만입니다. 산티아고Santiago de Compostela까지 26일, 묵시아Muxia까지 3일, 그리고 다시 오늘 묵시아에서 피스테라까지 30킬로 이상을 걸어 피스테라에 도착한 겁니다.

피스테라의 상징인 '0km 표지석'과 등대는 시내에서 3.5 킬로 더 떨어져 있었습니다. 왕복 7킬로를 걸어야 했지만, 그곳을 보기 위해 온 만큼 시간과 거리는 전혀 문제 되지 않았습니다. 작열하는 태양 속을 걷고 또 걸어 마침내 '땅끝'에서 대서양과 마주했습니다. 그저 감격스럽고 해냈다는 뿌듯함에 가슴 속에선 뭔가가 북받쳐 오르고 날아갈 듯 기쁩니다. 정말 제가 이 모든 걸 해냈다는 게 믿기지 않았습니다!

Camino de Santiago

　그곳에서 가져간 등산화를 앞에 두고 걸어온 지난 한 달을 오래도록 되돌아봤습니다. 예전에는 신발을 태우기도 했지만, 환경 문제 탓에 지금은 사라졌습니다. 바위 위에서 깊고 푸른 바다와 수평선을 바라보며 햇볕을 즐겼습니다. 그리고, 돌아올 때 미련 없이 제 등산화를 쓰레기통에 버렸습니다. 산티아고 순례가 일단락된 만큼 예전과 단절 또는 이별을 위한 의식입니다. 버리고 나니 참으로 홀가분합니다.

　시내로 되돌아온 저는, 다시 도시 입구에 있는 해변으로 갔습니다. 어제 묵시아에서 못한 바다 수영을 하고 싶었기

때문입니다. 백사장은 참으로 아늑했고 파도에 밀려온 조개껍질이 해변을 가득 메울 정도였습니다. 수영복으로 갈아입고 바닷물에 뛰어들었는데, 의외로 물이 차가웠습니다.

처음엔 해변을 걷기만 하다 점점 더 물속으로 들어갔고 마침내 온몸을 담그고 수영을 시작했습니다. 대서양에서 수영까지 하게 된 겁니다. 너무나도 행복한 순간이었습니다. 나중엔 근처 바윗돌 위로 올라가 가져온 와인을 마시며 몸을 말렸습니다.

그렇게 피스테라의 하루가 저물고 있습니다. 생장에서 시작한 지난 30일간의 산티아고 순례가 마무리된다고 생각하니 뿌듯한 성취감과 함께 큰 아쉬움이 밀려옵니다. 길 위에서 만났던 많은 사람들은 지금 어디에서 어떤 시간을 보내고 있을까요?

프랑스길 순례가 끝났지만, 순례 그 자체가 끝난 건 아닙니다. 앞으로 어떤 길에서 어떤 사람들과 어떤 인연을 이어갈지 모르지만, 가보겠습니다.

부엔 까미노 Buen Camino!

Camino de Santiago

31일 차 _ 피스테라에서 다시 산티아고로 돌아오다

 순례 31일 차, 피스테라에서 다시 산티아고로 되돌아왔습니다. 순례의 종점은 '땅끝' 피스테라지만, 스페인 순례의 마무리는 산티아고에서 끝내고 싶었기 때문입니다.

 피스테라 알베르게 바로 앞에 있는 정류장에서 8시 20분 첫차를 탔는데, 산티아고까지 2시간 30분이 채 안 걸렸습니다. 걸어서는 4일이나 되는 거리가 버스로는 겨우 몇 시간이라니요!

 오늘 역시 순례자들이 수없이 들어옵니다. 얼굴엔 피곤함과 함께 성취감, 설렘이 가득 들어있습니다. 며칠 전까지는 저도 저들과 똑같은 상황이었습니다. 나도 모르게 동료애가 생깁니다. 지금 그들의 행복은 곧 내 행복이기도 합니다.

　대성당 근처 레스토랑에서 점심을 먹고 맥주를 마시며 스케치에 몰두했습니다. 다른 도시와 달리 피스테라를 상징하는 건 쉽게 떠오르지 않더군요. 결국, 한 달 동안 저를 이끌어주느라 고생했지만, 미련 없이 버리고 온 등산화가 떠올랐습니다. 그리고, 일종의 오마주로 제 신발을 그렸습니다. 이제야 마음이 무척 편안해졌습니다.

 문득 순례길 초반에 만난 네덜란드 출신의 프랑크가 한 말이 떠올랐습니다. 산티아고에 가면 꼭 시가를 피우겠다는 것이었습니다. 알고 보니, 갈리시아 지역은 시가 산업으로 유명한 곳이더군요. 마침 타바코TABACO라고 쓴 가게가 보여서 들어가 가장 작은 것으로 집어 들었더니 직원이 끝부분을 잘라 주더군요.

몇 번을 빠르게 빨아들인 뒤에야 불이 붙었는데, 직원의 조언대로 목으로 삼키지 않고 입안에만 물다가 뱉어냈습니다. 구수하면서도 여러 향기가 입안에 가득 고였다 사라졌습니다. 주저 없이 길가에 앉아 거리의 악사들이 연주하는 기타와 플롯 선율을 들으면서, 한없이 나만의 상상의 나래를 펼쳐봅니다.

마침, 7시가 가까워지면서 여러 성당에서 울리는 종소리가 골목 구석구석까지 퍼져 나갑니다. 마치 우리 어릴 때, 저녁이면 밖에서 놀다가 엄마가 어서 와서 밥 먹으라고 부르는 듯합니다.

단정하게 차려입은 주민들이 성당으로 모여들고 방문객들은 그 앞 노천카페에서 맥주나 와인을 마시며 이 모습을 지켜봅니다. 그 웅장하고 화려한 성당 안 길고 넓게 배치된 나무 의자에 참석자들은 고작 수십 명에 지나지 않습니다. 모두 어디로 간 걸까요? 모두 어디에서 무얼 하는 건가요? 수천 년을 이어온 믿음의 역사, 지난 천 년이 넘도록 그 믿음을 가지고 순례길을 걸었던 많은 사람들, 또 앞으로도 걷게 될 사람들. 믿음의 땅 산티아고에서 그 믿음과 사람에 대해 오래오래 생각해 봅니다. 계속 가보겠습니다.

떠나는 분들을 위한 팁 10가지

산티아고 순례를 다녀오니 여러 사람이 큰 관심을 보이며 유익한 정보를 알려달라고 합니다. 순례길은 워낙 유명해져 영화도 있고, TV에서도 방영됐으며 유튜브로 검색해 보면 다녀온 분들의 영상이 무척 많기 때문에 준비하는 데 큰 어려움이 없을 겁니다. 제가 드리는 조언 역시 어디까지나 제 개인의 체험과 생각에 바탕을 둔 것이기 때문에 무척 조심스럽습니다. 작은 도움이라도 되면 좋겠습니다.

1. 여정 계획 수립

프랑스 길의 경우 출발지인 프랑스 생장에서 목적지인 산티아고까지 통상 33일 정도 걷습니다. 외국 순례자들도 대부분 이런 일정으로 걷더군요. 즉, 하루 평균 25킬로 안팎을 걷게 됩니다. 저는 26일 만에 걸었지만요.

순례길은 끝없이 펼쳐진 평원 한가운데를 건너가는 편안한 길도 있지만, 피레네산맥 등 최고 높이 1,500여 미터 산이나 가파른 언덕을 오르내리는 일이 여러 차례 반복됩니다. 매일 일정한 거리를 걸어야 합니다. 그것도, 등에 배낭을 진 채로요. 따라서, 가장 중요한 건 자신의 속도^{페이스}를 유지하는 겁니다. 후반부로 갈수록 몸에 피곤이 쌓이면서 점점 힘들어지고 물집이나 근육통으로 고생할 수 있기 때문에 꼭 일정한 속도를 유지할 필요가 있습니다.

산티아고에 도착하면 흔히 투어용 버스를 타고 피스테라와 묵시아를 하루 코스로 관광하고 옵니다. 하지만, 저는 산티아고-묵시아-피스테라 코스를 4일간 추가로 걸었는데, 그 코스는 정말 환상적이었습니다. 상대적으로 순례자들도 적어 여유 있고 호젓하게 아름다운 길을 마음껏 즐길 수 있었습니다. 묵시아와 피스테라에서 각각 순례 인증서를 추가로 받을 수 있고요. 야곱 성인의 유해가 실린 돌배가 정박한 곳, 당시 세계의 끝이라 불렸던 피스테라까지 걸어야 진정 순례를 완주한 느낌도 받을 수 있을 겁니다.

순례길에서 팜플로냐^{Pamplona}, 부르고스^{Burgos}, 레온^{Leon} 등 대도시를 지나는데, 그 도시의 오랜 역사와 아름다운 문화유산을

보는 것도 중요합니다. 전 레온에서 하루 쉬면서 도시 명소를 구경했고 다른 도시에도 오전에 일찍 도착해 오후 내내 그 도시를 둘러봤습니다. 가능하다면, 위 도시에는 하루씩 머물면서 주요 명소를 구경하는 것도 좋습니다. 따라서, 한국에서 순례 출발지인 생장까지, 생장에서 산티아고까지, 산티아고에서 묵시아와 피스테라까지, 큰 도시인 팜플로냐, 부르고스, 레온 등에서 각각 하루씩 더 묵을 경우, 그리고 산티아고에서 한국으로 귀국하는 일정 등을 고려하면 대체로 총 40일 정도 소요됩니다. 이런 큰 흐름 속에서 일정을 짜면 좋겠습니다.

2. 알베르게 Albergue

순례자 전용 숙소인 알베르게는 숙박 비용이 대체로 10~15유로로 저렴하기 때문에 많은 순례자들이 찾습니다. 도시나 마을의 규모에 따라 숫자가 다르지만, 성수기에는 예약하지 않으면 구하기 힘든 경우도 종종 있습니다. 저는 개인적으로 단 한 번도 예약하지 않고 이용했지만, 여러 명이 단체로 이동하거나 여성 혼자라서 불안한 경우 등에는 예약하시길 추천

합니다. 만약, 예약하지 않고 홀로 걷거나 예약하지 못해 침대를 구하지 못한 경우에는 각 도시에 있는 공립(또는 시립) municipal 알베르게로 가면, 예약을 받지 않고 선착순으로 입장시키기 때문에 바로 그쪽으로 가서 배낭을 놓고 문 열 때까지 기다리면 됩니다.

알베르게는 대개 2층 침대가 한 공간에 여러 개에서 수십 개까지 다양하게 모여 있습니다. 침대, 화장실, 샤워장 등이 대개 남녀 구분 없이 공용입니다. 그러다 보니, 밤에는 코 고는 소리와 몸 뒤척이는 소리, 침대 삐걱거리는 소리, 짐 챙기는 소리, 문 여닫는 소리 등으로 몹시 불편할 수도 있습니다. 손빨래하면 야외 빨랫줄에 내걸어야 합니다. 스마트폰 충전을 위한 콘센트가 제대로 구비되지 않은 곳도 많습니다. 레스토랑이나 바 역시 우리와 달리 전기 충전이 쉽지 않습니다.

따라서, 잠잘 때 귀마개와 눈가리개는 꼭 필요합니다. 귀마개의 경우 잃어버릴 때를 대비해 적어도 두 개 이상 준비하시면 좋겠습니다. 아울러, 스마트폰 보조배터리와 함께 충전기를 꼭 챙기셔야 합니다. 혹시, 전기 사용이 많으신 분이라면, 2~3구 멀티탭도 유용합니다.

Camino de Santiago

3. 유용한 앱

 1) 카미노 닌자 Camino ninja

프랑스길, 북쪽 길, 포르투갈 길 등 루트별 도시 간 거리, 해당 도시 안 알베르게 현황과 예약 가능 여부, 위치, 가게나 레스토랑 유무 등 상세한 정보를 제공하며 각 알베르게 별 전화 또는 이메일 등 통한 예약도 가능하기 때문에 설치를 적극 권합니다.

 2) 왓츠앱 Whatsapp

위에서 말한 카미노 닌자를 통한 예약을 할 경우 왓츠앱만 통해 예약을 받는 곳도 있다고 들었습니다. 유럽 등 외국에서 온 순례자들과 SNS 주고받을 때도 유용합니다.

 ## 4. 여행 비용 계획 수립

가장 큰 비용은 당연히 항공권이겠죠. 노선과 일정, 그리고 마일리지 활용 여부 등에 따라 개인별로 달라 이건 제가 따로 말씀드리지 않겠습니다. 여행사의 단체 순례프로그램에 참여하신다면, 제 글도 큰 도움이 되지 않을 수도 있습니다.

순례 기간 하루 평균 소요 비용을 전 50유로 정도로 잡았습니다. 알베르게 15유로 + 하루 세끼 + 맥주 또는 와인 한 잔 + 사과나 오렌지 등 과일 + 기타 등을 포함한 비용입니다. 즉, 50유로 × 순례 기간 = 총 비용이 될 겁니다. 물론, 맥주나 와인을 더 마시거나 기념품을 구입하면 비용이 더 추가되겠죠.

5. 배낭 꾸리기

저는 매일 평균 12~15kg 정도를 지고 평균 30km 이상 걸었습니다. 덕분에 30일 걷고 나선 몸무게가 5kg 정도 빠졌습니다. 걷기를 좋아하지 않는 분들이라면 무척 부담될 무게입니다.

한 가지 원칙은, 여러분이 생각하는 정도의 절반만 가져 가시길 권합니다. 흔히, 자기 몸무게의 10% 정도가 적당하고도 합니다. 즉, 몸무게가 70kg이라면 배낭 무게가 7kg이 적당하다는 거죠. 처음 가는 낯선 길이고 또 장거리이기 때문에 최대한 챙겨가려는 게 인지상정입니다. 하지만, 절대 두 벌 이상 가져가지 마시길 권합니다. 낮에는 햇볕이 강해 빨래가 금방

마릅니다. 꼭 필요치 않다면 과감히 빼주세요. 좀 부족한 듯 꾸리고, 만약 걷다가 꼭 필요하다면 현지에서 살 수 있습니다.

6. 유심칩

저는 총 40일 일정으로 여행을 시작했기 때문에, 사전에 인터넷으로 유심칩 2개를 구입해 중간에 교체해 사용했습니다. 물론, 와이파이가 있지만, 워낙 많은 사람이 접속하고 현지 통신망이 우리처럼 좋지 않기 때문에 답답할 때가 많습니다.

특히, 인스타그램이나 페이스북 등 SNS를 실시간으로 하시는 분들은 유심칩이 절대적으로 중요할 겁니다. 또 하나 좋은 점은 유심칩을 장착하면 스페인과 프랑스 등 현지에서 전화로 숙소 예약이 쉽습니다. 물론, 우리나라로 전화를 걸 수는 없지만요.

7. 현금 준비

저는 현지에서 쓸 수 있는 신용카드로, 트래블 월릿^{Travel Wallet}을 발급받은 뒤 제 계좌에서 일정액을 충전해 숙소나 식당 등에서 결제하곤 했습니다. 잔액이 부족하면 언제든 제 계좌에서 바로 이체한 뒤 충전해 쓸 수 있었는데, 한국 카드로 결제할 때마다 환전에 따른 추가 비용 문제가 발생하지 않아 좋다고 생각합니다.

그렇지만, 의외로 신용카드를 받지 않는 곳이 매우 많습니다. 어떤 알베르게는 15유로 정도 되는 큰 액수의 요금도 현금을 요구합니다. 다른 알베르게는 요금이 10유로인데도 신용카드를 받았는데, 여긴 왜 현금을 요구하느냐고 물으면 '여긴 스페인이다^{It's Spain!}'이라고 답해 할 말을 잃게 합니다. 카페나 바에서 커피나 맥주 한 잔 마실 때, 작은 기념품 살 때도 당연히 현금이 필요합니다.

결제 문화가 우리나라와 많이 달라서 일정한 금액의 현금이 꼭 필요하고 만일 도중에 현금이 떨어지면, 도시 주요 거리에 있는 현금인출기^{ATM}를 활용하시면 됩니다. 저 역시 준비해 간 현금이 부족해 레온^{Leon}에서 ATM을 이용했습니다.

 **8. 나만의 루틴 만들기**

순례 기간 매일 나만의 루틴routine을 만들면 좋겠습니다. 저는 매일 5시 전후 기상, 간단한 조식, 6시 전후 출발, 12시~2시 전후 도착, 샤워와 빨래, 글쓰기와 스케치, 순례자들과 어울리며 저녁 먹기, 짐 꾸리기 및 취침 등을 생활화했습니다.

이미 5월부터 낮 햇볕이 몹시 강하기 때문에 최대한 일찍 출발하시면 좋겠습니다. 해도 일찍 뜨고 또 점심을 전후해 목적지에 도착해 오후를 여유 있게 쉴 수 있습니다. 시내 구경을 해도 좋고 일기나 SNS 글쓰기도 좋습니다. 최소 한 달 이상의 장거리 여정인 만큼, 나만의 방식으로 하루를 즐길 수 있는 그 무엇을 습관으로 만들면 좋겠습니다.

저는 지난해 후반기부터 나만의 방식으로 추억을 남기기 위해 작은 노트에 스케치를 시작했습니다. 채색까지 하기 어려워 펜 한두 개를 A5크기 노트에 유튜브 강의 따라 하며 끄적여 본 겁니다. 솔직히, 미술은 모르는 분야였고 또 보잘것없지만 용기를 내 하다 보니 자꾸만 그리고 싶어지더군요. 그 큰 도시의 번화가 노천카페에서 맥주나 와인 한 잔 시켜놓고 스케치하는 제 모습을 보고 스스로 놀라기도 했습니다.

그런데, 스케치하다 보니 순례자들과 자연스레 대화가 시작되고 와인이나 맥주, 저녁 식사까지 이어지는 경우가 잦았습니다. 창피하지만, 호주 남성, 스코틀랜드 출신 여성, 그리고 스페인 한 신부님께 제 스케치를 넘기고 와인 몇 잔 얻어먹기도 했습니다. 무엇보다, 나만의 차별화된 순례와 그 추억을 오래 남길 수 있게 돼 무척 좋았습니다.

9. 우리나라 기념품 가져가기

순례는 단순히 극기 훈련이 아닙니다. 그곳에서 만나는 수많은 전세계 순례자들와의 소통과 교류도 매우 중요합니다. 함께 대화를 나누고 술 한 잔 또는 식사하며 정을 나누는 일, 저는 매우 중요하다고 봅니다.

해서, 저는 만나는 외국인들에게 나눠주려고 한국에서 출발할 때 우리 전통 문양이 새겨진 책갈피^{bookmark} 20개를 준비했습니다. 부피나 무게도 거의 없고 또 비용도 저렴해 안성맞춤입니다.

결과적으로 매번 아주 좋은 반응을 얻었습니다. 대화가 깊어지고 아쉬움 속 헤어질 때 자연스레 우리 전통과 문화를 소개하면서 나눠주면 무척 고마워합니다. 하지만, 준비해 간 물량은 채 순례 기간 절반을 넘기지 못하고 다 떨어졌습니다. 다음에 간다면, 두 배 이상 늘려서 가져가야겠다는 생각이 들더군요. 외교는 단지 대통령을 비롯한 외교관들이 국가 차원에서만 하는 게 아닙니다. 여러분들 모두가 중요한 민간 외교관입니다. 여러분만의 방식으로 외교활동도 꼭 해보시길 권합니다.

  **10. 식수 조달 문제 & 매일 과일 먹기**

아무래도 매일 장거리를 걷기 때문에 물을 자주 마셔야 하는데, 가뜩이나 배낭도 무거운데 물까지 짊어지고 다녀야 해 번거롭게 힘드실 수도 있습니다. 그런데, 순례길에 지나는 마을이나 도시마다 길가에 수도꼭지나 분수대가 굉장히 많이 설치되어 있습니다. 순례자들을 위한 오랜 전통이기도 하죠. 하지만, 모든 분수가 마실 수 있는 물은 아닙니다. 대체로,

'Agua potable(마실 수 있는 물)'이라고 씌어 있거나 수도꼭지를 눌러야 마실 수 있는 경우에만 마시는 게 좋습니다.

스페인을 비롯한 유럽의 수돗물에는 석회 성분이 많이 포함돼 오랜 기간 마시면 몸에 해롭다는 얘기도 있습니다. 하지만, 한 달 정도 마신다고 크게 해가 되진 않을 듯합니다. 매일 장거리를 걷기 때문에 체력 소모가 무척 많아 단백질 등 영양 보충과 함께 꼭 필요한 게 과일 먹기입니다. 우리 나라에 비해 과일 가격이 저렴합니다. 전 거의 매일 사과, 오렌지를 먹었고 체리도 이따금 먹었습니다. 카페나 바 등에서 오렌지를 주문하면 즉석에서 즙을 짜주기 때문에 아주 맛있습니다. 오이나, 당근 등 채소도 좋습니다. 스페인 음식이라고 해봤자 또르띠야, 빠에야를 비롯해 고기에 감자튀김, 그리고 빵이 대부분이니까요.

이상으로 산티아고 순례 출발에 따른 여러 도움말을 적어 봤습니다. 어디까지나, 제 경험에서 나온 만큼 참고만 하시면 좋겠습니다. 글을 쓰며 지난 순례의 순간들이 쉴 새 없이 떠올라 흐뭇하면서도 곧 떠날 분들이 무척 부러워지기도 했습니다.

너무 완벽하게 준비하지 않아도 괜찮습니다. 현지에 가면 다

있습니다. 또, 부족한 대로 가셔도 좋습니다. 다른 순례자들에게 도움을 받고 또 주셔도 좋습니다. 다른 사람들 의식하지 말고 자기만의 방식으로 준비하고 걷고 또 루틴을 만드시면 좋겠습니다. 여러분 모두를 응원합니다.

Buen Camino!

산티아고 순례길 코스 소개

1. **FRENCH WAY** 프랑스 길
2. **NORTH COAST CAMINO** 북쪽해안 길
3. **PORTUGUESE WAY** 포르투길 길
4. **ANDALUSIAN CAMINO** 안달루시안 길
5. **PRIMITIVE WAY** 원시 길

SAN SEBASTIAN
OVIEDO
St.-Jean-Pied-de-Port
LISBOA
SEAILLA

프랑스
스페인

에필로그

5월 8일 피레네산맥 북쪽 프랑스 생장에서 시작한 산티아고 순례는 꼭 30일 만에 끝났습니다. 산티아고^{Santiago}까지 26일, 묵시아^{Muxia}까지 29일, 그리고 피스테라^{Fisterr}에 30일 만에 도착했습니다.

30일간 레온^{Leon}에서 하루 쉬었기 때문에, 사실은 29일간 총 920km 이상을 걸었습니다. 매일 13~15kg을 지고 3~40여 킬로를 걷다 보니 나중에는 몸무게가 5~6kg 줄었지만, 몸과 마음은 날아갈 듯합니다. 그리고, 포르투에서 5일, 파리에서 5일간 머물다 40일 만에 돌아왔습니다.

아침 6시 전후 출발해 평균 6~8시간 걸었습니다. 알베르게는 예약 없이 늘 현장에서 구했습니다. 숙소 등록과 짐 정리, 샤워와 손빨래, 늦은 점심, 마을 구경, 글쓰기와 스케치, 순례자들과 교류, 짐 꾸리기와 취침을 루틴^{routine}처럼 매일 반복했습니다. 덕분에 포르투 기행[5회]과 파리 기행[9회]까지 합쳐

약 50회 정도의 순례기를 쓸 수 있었고 스케치 역시 50여 개 남겼습니다.

순례길은 나 자신과 끊임없이 대화하는 시간이었습니다. 스스로, 고독과 은둔을 자처하며 최대한 침묵했습니다. 떠나 보면 느껴지고, 걷다 보면 알게 되는 것들은, 순식간에 순례길을 꿈길로, 꽃길로, 때로는 위안과 희망의 길로 바꿔 놓았습니다.

매 순간 행복했습니다. 스페인 동쪽 끝에서 서쪽 끝까지 홀로 또는 함께 걸으며 아름다운 자연을 만끽하고 전 세계에서 온 많은 이들과 교감했습니다.

이 모든 건 처음부터 끝까지 격려해 주신 여러분들 덕분에 가능했습니다. 특히, 페이스북, 인스타그램 등 SNS와 네이버 까친연^{까미노친구들연합카페}, 블로그에서 보내주신 응원과 조언이 무척 큰 힘이 됐습니다. 깊은 감사 말씀드립니다.

이제 순례는 끝났지만, 인생이라는 가장 긴 순례는 여전히 진행형입니다. 문득, 긴 인생길을 먼저 걸어보고 싶은 순간이 오면 산티아고 길은 당신에게 말을 걸어올 것입니다. 그러면 두려움이나 망설임 없이 그저 길이 이끄는 대로 출발하면 됩니다. 저 역시 앞으로 펼쳐질 인생의 순례길은, 그것이 어떤 길일지라도, 어깨펴고 당당하게 걸어가겠습니다.

Buen Camino!

Camino de Santiago

걷다 보면 알게 될 지도

초판 1쇄 인쇄	2024년 10월
초판 1쇄 발행	2024년 10월
지은이	최헌덕
펴낸곳	OCC STUDIO
출판등록	제 399-2024-000094호
이메일	hope4future2015@gmail.com

최헌덕 ⓒ 2024
ISBN 979 - 11 - 989620-0-3

이 책의 무단전재와 무단복제를 금합니다.
잘못된 책은 구입처에서 바꿔드립니다.